R.E.I. Editions

Tutti i nostri ebook possono essere letti sui seguenti dispositivi:

- Computer
- eReader
- iOS
- Android
- Blackberry
- Window
- Tablet
- Cellulare

Mantelli - Brown - Kittel - Graf

Lavochkin

LaGG-1 - LaGG-3 - La-5 - La-7 - La-9

ISBN: 9782372975346

Pubblicazione: febbraio 2025

Mantelli - Brown - Kittel - Graf

Lavochkin

LaGG-1 - LaGG-3 - La-5 - La-7 - La-9

R.E.I. Editions

Indice

Lavochkin

Il primo caccia Lavochkin era designato I-22 e fu anche il primo
della triade di nuovi intercettori sovietici a prendere il volo,
esattamente il 30 marzo 1939.

Come succederà di lì a 2-3 anni con i caccia 'Serie 5' italiani, e a
dire il vero, come già succedeva con i 'Serie 0', i tre competitori
avranno tutti un certo successo e tutti verranno premiati da
contratti di produzione, ma senza per questo somigliarsi molto e
tanto meno essere soggetti alla stessa evoluzione e successo
operativo.

- Lavochkin, assieme a Gorbunov e a Gudkov, aveva dato
  origine a un caccia semplice e robusto, relativamente di
  bell'aspetto, ma che aveva il problema della scelta dei
  materiali strategici, o meglio, della scelta di non
  avvalersene.

Era, infatti, l'unico dei tre che era costruito totalmente in legno,
eccetto, ovviamente, per gli elementi fondamentali come il
carrello, le armi, il motore, gli alettoni (metallici e rivestiti in
tela).

Il carrello retrattile e il motore M-105P erano segni di una
relativa modernità, e senz'altro degna di nota fu la sua velocità
massima di 605 km/h.

- Le armi erano ad alta cadenza di tiro, due cannoni ShKAS
  e un cannone ShVAK.

Designato nuovamente come I-301, ebbe poi la denominazione
di LaGG-1, ma per la produzione divenne LaGG-3.

Il prototipo si dimostrò capace di raggiungere i 605 km/h,
mentre il modello di serie scendeva (teoricamente) a 575-580
km/h.

Nonostante la sua struttura pesante, il vero problema era la tendenza a entrare in vite nelle virate strette, cosa che certo non incentivava a sfruttarne al meglio le caratteristiche di volo, già non entusiasmanti.

Per giunta, i controlli di qualità rendevano spesso aleatorie le caratteristiche di volo previste.

Ebbe però successo come caccia di supporto tattico, sopratutto impiegato sul fronte Finlandese, e nei limiti della sua autonomia, anche valido per la scorta ai bombardieri.

Era capace di volare in climi rigidi e spesso aveva sci, i quali, peraltro, peggioravano le prestazioni in volo.

Lavochkin LaGG-1

Il Lavochkin Gorbunov e Gudkov LaGG-1, citato anche semplicemente come Lavochkin LaGG-1 o con la designazione da proptotipo I-301, era un caccia monomotore ad ala bassa progettato dall'OKB 301 diretto da Semën Alekseevič Lavočkin e sviluppato in Unione Sovietica alla fine degli anni trenta.

Primo progetto dell'OKB 301, il LaGG-1 non venne considerato idoneo per la produzione in serie ma costituì la base per il successivo LaGG-3, quest'ultimo rimasto operativo nella VVS, l'aeronautica militare dell'Unione Sovietica, fino alla fine della seconda guerra mondiale.

- La VVS è stata, dal 1918 al 1991, l'aeronautica militare dell'Unione Sovietica e parte integrante delle forze armate sovietiche.

Fu disciolta nel 1991 per essere suddivisa tra i nuovi stati indipendenti.

Le tendenze politiche ed economiche sovietiche erano grandemente riflesse dall'industria aeronautica nazionale, responsabile dell'approvvigionamento di un grandissimo numero di apparecchi per l'aeronautica militare numericamente più grande del mondo.

Gli aeromobili impiegati nell'Est erano meno flessibili nei ruoli, rispetto alle analoghe macchine occidentali.

Inoltre, l'Unione Sovietica approvvigionava tutti i suoi alleati, dai satelliti del "patto di Varsavia", alla Cina, passando per i paesi del terzo mondo.

Bisogna rilevare poi che il numero di progetti concretizzati in nuovi prototipi era di gran lunga superiore a quello occidentale, così come la vita operativa di ogni singolo apparecchio, tanto che era possibile trovare in servizio nello stesso ruolo più modelli, come nel caso di MiG-17, MiG-19, MiG-21 e MiG-23 contemporaneamente in prima linea nel 1976 e con funzioni comparabili.

Le discussioni circa la presunta superiorità, o inferiorità, delle macchine sovietiche non ha nessun fondamento, dato che un paragone diretto non può essere semplicemente attuato: d'altra parte, era evidente che ogni novità oltre cortina veniva inizialmente sovrastimata, per poi essere criticata una volta messa in servizio.

Probabilmente era ciò che accadeva anche in casa.

Un altro mito da sfatare era la presunta velocità con la quale venivano sviluppati i progetti, un'illusione provocata dal fatto che i nuovi apparecchi erano resi pubblici una volta terminati i collaudi preliminari.

Comunque sia, i progetti sovietici erano il risultato di concetti notevolmente originali (probabilmente anche perché frutto di necessità originali), ma al momento della loro introduzione in servizio erano divenuti obsoleti, perlomeno sotto certi aspetti, rispetto alle controparti occidentali.

- L'aviazione sovietica era differenziata in cinque diversi comandi, a seconda dei ruoli che questi dovevano compiere.

La V-VS era forte di un milione di uomini, circa, e di tre milioni di riservisti, coscritti per 24 mesi, mentre il numero di apparecchi varia tra i 10.000 e i 14.500.

A questi si dovevano aggiungere altri 350.000 uomini impiegati nelle basi missilistiche strategiche, varie migliaia di SAM (surface to air missile, batterie contraeree), batterie missilistiche tattiche, 70.000 uomini dell'aviazione navale e per finire le batterie missilistiche costiere.

I cinque comandi autonomi erano:

- La Difesa aerea nazionale.

Numericamente, era il comando più importante dell'aviazione, tutte le unità superficie-aria dipendevano da essa.

Dalle basi radar di prima allerta, ai satelliti di ricognizione, alle batterie contraeree, alle batterie ABM (anti-ballistic missiles, antimissile balistico) e per finire ai caccia intercettori.

Dal 1948 questo enorme complesso di uomini e mezzi venne posto sotto un unico comando, con quartier generale in Mosca, ed è agli ordini non solo del capo di stato maggiore dell'aeronautica, ma anche della forza strategica di autodifesa nucleare. Le stazioni radar d'allarme e controllo erano posizionate molto all'interno dei confini ed erano in costante contatto con le unità operative di tutti i Paesi alleati.

- L'Aviazione di prima linea o Aviazione frontale.
  Aveva a sua disposizione il più grande numero di aeroplani, circa 3.000, i quali dovevano assicurare supporto aereo alle truppe di terra, interdizione della contraerea e distruzione dell'aviazione nemica.
  Era suddivisa in 15 sottocomandi, o forze aeree, dato che erano stabilite in diversi, suddivisi a loro volta in corpi, di solito tre o quattro, formati da due o tre divisioni.
  Ogni divisione era formata da un certo numero di unità a seconda del ruolo: 40 caccia o 35 bombardieri leggeri o 32 aerei da trasporto leggeri o 36 aerei da trasporto medi o 30 ricognitori oppure 36 elicotteri.

- L'Aviazione strategica o Aviazione a lungo raggio.
  Era la componente più offensiva dell'aeronautica sovietica.
  Direttamente sotto il comando delle forze strategiche nucleari era suddivisa in tre sottocomandi, due localizzati

vicino al fronte occidentale e l'altro verso quello orientale.

Poteva contare su approssimativamente 900 unità, le più famose delle quali il Tu-95 Bear, armati con AS-3 Kangaroo, Myasischev M-4 Bison, Tupolev Tu-16 Badger, Tu-160 Blackjack, Tu-22 Blinder e Tu-22M Backfire.

- L'Aviazione della Marina.
  Era sotto il comando delle quattro flotte del Baltico del Nord, del mar Nero, dell'Estremo Oriente e del Pacifico e si avvaleva di circa 75.000 uomini e di circa 12.000 aeroplani.

- L'Aviazione logistica o Aviazione da trasporto.
  Si occupava, principalmente, di assistere le riserve strategiche e del trasporto di truppe, e aveva a disposizione approssimativamente 1.700 aeroplani.

L'esigenza di disporre di un caccia monomotore di nuova generazione, spinse le autorità sovietiche a emettere una specifica da sottoporre ai propri uffici di progettazione aeronautica (OKB) relative a velivoli monoposto capaci di una velocità dell'ordine dei 600 km/h e propulsi da motori in linea dell'ordine dei 1.000 hp.

La potenza dei motori non era diversa da quella dei radiali della precedente generazione di caccia, quali il Polikarpov I-16, ma la migliore penetrazione aerodinamica, favorita dalla possibilità di creare una parte anteriore con sezione frontale ridotta e raccordata alla fusoliera, garantiva, potenzialmente, almeno in termini di velocità orizzontale e di picchiata, prestazioni sicuramente superiori.

I vari OKB MiG, Yakovlev e Lavochkin presentarono i propri prototipi, rispettivamente l'I-200 poi diventato Mikoyan-

Gurevich MiG-1, lo Yakovlev Yak-1, realizzati in tecnica mista, ovvero con parti metalliche e parti in legno, mentre quello proposto dall'ultimo, il Lavochkin LaGG-1, era progettato per essere costruito completamente in legno, eccetto le componenti che potevano essere costruite solo in metallo.

- Quasi tutti i caccia realizzati prima della guerra avevano un design misto: un compromesso tra la mancanza di duralluminio e l'economicità e l'efficacia tecnologica del legno.

Il metallo consentiva un enorme risparmio di peso: a parità di resistenza del legno, una struttura in duralluminio pesava il 40% in meno, ma prima della guerra fu presa una decisione strategicamente corretta, che orientò i costruttori di aeromobili verso un uso diffuso del legno nei nuovi velivoli.

- Divenne, così, evidente la possibilità di una produzione in serie di aeromobili da parte di lavoratori minimamente qualificati.

Gorbunov e Lavochkin furono i primi ad utilizzare il legno in un caccia: il loro design non ha precedenti nella storia degli aerei da caccia.

- Certamente questo fatto lo rendeva economico e bisognoso di pochissime materie prime strategiche ma, quando il prototipo venne portato in volo per la prima volta, i piloti lo trovarono troppo lento in salita e pesante ai comandi.

Non è appropriato paragonare il Mosquito inglese interamente in legno con il LaGG.
Il Mosquito non era stato progettato per il combattimento aereo manovrabile, il suo elemento era il volo ad alta velocità con virate fluide.

Ebbene, per quanto riguarda il legno utilizzato nella costruzione, il Mosquito e il caccia sovietico sono imparentati più o meno come un nobile ereditario di Londra e un contadino semplice della provincia di Tver: uno ha l'esotico legno di balsa, l'altro i banali pini e betulle.

Prototipo del Lavochkin LaGG-1

Il legno Delta venne utilizzato nella progettazione degli aerei di Lavochkin, Gorbunov e Gudkov: fu impiegato per realizzare i longheroni, le centine e alcune unità della parte anteriore della fusoliera.

- Il legno Delta DSP-10 si ottiene pressando a caldo l'impiallacciatura di betulla impregnata con una soluzione alcolica di resina fenolo-formaldeide, incollata con colla VIAM-ZB.

I lavori iniziarono simultaneamente su sette prototipi e fu predisposta una preserie di 100 caccia.

Il primo prototipo volò il 30 marzo 1940, dimostrando autonomia, tangenza e manovrabilità inadeguate e, addirittura, caratteristiche di manovrabilità potenzialmente pericolose:

sebbene fosse risultato più veloce del caccia tedesco, come poi lo erano tutti i nuovi velivoli sovietici, i difetti erano numerosi e la tecnologia usata, a esclusione dell'armamento, giudicata non sufficientemente avanzata.

Ne raccomandarono, quindi, vari cambiamenti, anche perché nel frattempo la "liaison dangereuse" tra Unione Sovietica e Germania, aveva consentito di accedere a vari dei migliori aeroplani tedeschi, constatando quanto questi ultimi fossero più moderni nella struttura e semplici nel funzionamento, a cominciare dal Messerschmitt Bf 109.

Le esigenze del tempo non consentivano una riprogettazione fondamentale del caccia, e il team Lavochkin avviò, quindi, un programma mirato ad alleviare i difetti più gravi del caccia: furono introdotti progressivamente dei miglioramenti, mentre il progetto fu sottoposto a un'analisi approfondita del peso.

- Le mitragliatrici di grosso calibro furono sostituite da mitragliatrici ShKAS da 7,62 mm e il cannone da 23 mm cedette il posto a uno da 20 mm.

Furono applicati vari palliativi per le carenze di manovrabilità e il primo prototipo LaGG-1 a introdurre queste modifiche fu denominato I-301.

Questo presentava anche pannelli alari esterni riprogettati che incorporavano serbatoi di carburante aggiuntivi.

L'I-301 presentava alcuni difetti: calore in cabina, scarsa visibilità anteriore e laterale a causa della scarsa qualità dei vetri della calotta, surriscaldamento dell'acqua e dell'olio durante l'aumento di quota, stabilità longitudinale insufficiente, carichi estremi sul carrello di atterraggio durante il decollo.

Tecnica

Il LaGG-1 era un velivolo dall'aspetto convenzionale, compatto, realizzato principalmente in legno: monoplano monomotore ad ala bassa con carrello retrattile.

La fusoliera era caratterizzata un unico abitacolo chiuso da un tettuccio raccordato posteriormente al dorso, soluzione tecnica che non permetteva una buona visione posteriore.

- La struttura della fusoliera era composta da quindici ordinate, quattro longheroni e dodici correntini.

La chiglia era resa solidale con la fusoliera.

I telai rinforzati (n. 1 e 14) erano realizzati in legno Delta, mentre i longheroni erano realizzati con travi di pino a sezione variabile: oltre al pino, nella struttura della fusoliera sono stati utilizzati anche tiglio e frassino.

- Nella parte anteriore della fusoliera era fissato un supporto metallico per il supporto del motore e per le armi.

Tutte le parti in legno della fusoliera erano collegate con la colla VIAM-ZB, senza l'uso di chiodi o viti.

Il rivestimento della fusoliera è stato incollato con impiallacciatura di betulla: lo spessore variava da 9,5 mm nella parte anteriore della fusoliera a 3 mm nella coda.

La finitura esterna della superficie della fusoliera ha comportato l'incollaggio dell'impiallacciatura con tessuto, la stuccatura e l'attenta carteggiatura di eventuali aree irregolari prima della verniciatura.

La fusoliera era fissata alla sezione centrale tramite quattro giunti in acciaio, mentre i piani alari erano fissati ai giunti della sezione centrale mediante bulloni.

- Posteriormente terminava in un impennaggio classico con elemento verticale monoderiva e piani orizzontali montati a sbalzo.

L'ala, come la sezione centrale, era a due longheroni, con le superfici rivestite in compensato: il bordo anteriore era incollato con impiallacciatura spessa 3 mm.

La meccanizzazione delle ali comprendeva alettoni tipo Friz con compensazione del peso al 100% e flap di atterraggio a quattro sezioni, due sezioni sotto la sezione centrale, una sotto ogni piano, di tipo Schrenk.

- I telai delle sezioni degli alettoni e dei flap erano realizzati in duralluminio, il rivestimento degli alettoni era in tessuto e i flap in duralluminio, mentre un tubo di Pitot era installato nella consolle dell'ala destra.

L'ala, a pianta rettangolare rastremata verso le estremità, era montata bassa e a sbalzo e incorporava, nella parte inferiore, il meccanismo del carrello d'atterraggio.

Il carrello d'atterraggio principale con le ruote si ritraeva nella parte anteriore della sezione centrale.

Per le ruote, nella sezione centrale, venivano incollate delle speciali cupole in impiallacciatura di betulla.

- Il telaio veniva retratto e sbloccato tramite un accumulatore aria-olio e un sistema idraulico.

Il carrello di atterraggio di coda era retrattile, mentre le ruote del carrello erano dotate di freni pneumatici.

Questo era a larga carreggiata, biciclo anteriore, retrattile verso l'interno e integrato posteriormente da un ruotino d'appoggio posizionato sotto la coda.

- La propulsione era affidata a un motore Klimov M-105P, un 12 cilindri a V raffreddato a liquido capace di esprimere una potenza pari a 1.050 hp (772 kW), abbinato ad un'elica tripala VTSh-61P a passo fisso, sostituita successivamente da un'elica a tre pale a passo variabile VISh-61.

L'elica metallica, a tre pale a passo variabile VISH-61 con un diametro di 3 metri, manteneva automaticamente un numero di giri del motore impostato tramite il regolatore R-7.

Il mozzo dell'elica era coperto da un'ogiva.

Il telaio del motore, realizzato in tubi d'acciaio, era fissato alla cellula in cinque punti: i tre inferiori, ai nodi del longherone anteriore della sezione centrale e i due superiori, al carrello della fusoliera.

Il motore M-105P a dodici cilindri raffreddato ad acqua era fissato al telaio con venti bulloni in lega di acciaio al cromo.

- Il motore era alimentato da sei carburatori, un carburatore per due cilindri.

Nella sezione centrale sono installati tre serbatoi di carburante e un altro in ogni console alare: tutti i serbatoi sono collegati in serie tramite valvole di ritegno a quello centrale, dal quale il carburante viene fornito ai carburatori tramite una pompa del carburante.

Il serbatoio centrale del carburante ha una capacità di 124 litri, quelli successivi hanno una capacità di 114 litri e i serbatoi alari hanno una capacità di 98 litri, per complessivi 548 litri: tutti i serbatoi sono realizzati in lega di alluminio AMCP.

L'olio viene fornito al motore tramite una pompa dell'olio da due serbatoi installati nella fusoliera davanti alla cabina di pilotaggio, con una capacità complessiva di 47 litri.

- Il motore M-105P è raffreddato ad acqua, la capacità del sistema idrico è di 90 litri.

Il radiatore, a nido d'ape, era installato in un tunnel sotto la fusoliera dell'aereo: la temperatura dell'acqua veniva regolata tramite una speciale paletta, che modificava la sezione trasversale dell'apertura di ingresso del tunnel del radiatore dell'acqua.

La fonte di elettricità era un generatore e una batteria: il generatore era posizionato nella parte anteriore del telaio motore, sul lato destro, mentre la batteria si trovava dietro lo schienale, corazzato, del sedile del pilota.

Il caccia era dotato di un equipaggiamento per l'ossigeno che garantiva al pilota condizioni operative normali ad altitudini comprese tra 4.500 e 10.000 metri.

Caratteristiche Tecniche

Dimensioni e pesi

Lunghezza: 8,81 metri
Apertura alare: 9,80 metri
Altezza: 4,40 metri
Superficie alare: 17,62 m^2
Peso a vuoto: 2.478 Kg
Peso massimo al decollo: 2.968 Kg

Propulsione

Motore: un Klimov M-105P
Potenza: 1.050 hp (772 kW)

Prestazioni

Velocità massima: 515 km/h a livello del mare - 605 km/h in quota
Velocità di salita: 14,25 metri al secondo
Autonomia: 556 km
Tangenza: 9.600 metri

Armamento

Mitragliatrici: 2 ShKAS calibro 7,62 mm + 2 Berezin UB calibro 12,7 mm da 220 colpi ciascuna
Cannoni: un Volkov-Yartsev VYa-23 calibro 23 mm con 80 colpi

Lavochkin LaGG-3

Il LaGG-3 era un perfezionamento del precedente LaGG-1, ed era uno degli aerei più moderni a disposizione dell'aeronautica sovietica al momento dell'invasione tedesca nel 1941.

Il Lavochkin LaGG-3 era un monomotore da caccia ad ala bassa progettato dall'OKB 301 diretto da Semën Alekseevič Lavočkin e sviluppato in Unione Sovietica negli anni quaranta.

Primo progetto dell'OKB 301 a raggiungere la produzione in massa, il LaGG-3 venne impiegato nella seconda guerra mondiale dalla VVS, l'aeronautica militare dell'Unione Sovietica, rimanendo operativo, benché progressivamente rimpiazzato dal più recente Lavochkin La-5, fino alla fine del conflitto.

- Il LaGG-3 era essenzialmente la versione di serie del LaGG-1, con un'ala esterna rivista che incorporava serbatoi di carburante e un armamento costituito da un cannone da 20 mm e due mitragliatrici da 7,62 mm.

Furono introdotti slat alari fissi, in seguito sostituiti da slat automatici, e furono aggiunti pesi di bilanciamento sugli elevatori e sul timone, ma furono poi scartati in favore di superfici bilanciate staticamente e dinamicamente.

Il peso fu ridotto come risultato di un'analisi strutturale.

- Le consegne del LaGG-3 iniziarono nella primavera del 1941, inizialmente con il motore M-105P, ma, dalla fine dell'anno, con il motore M-105PF che forniva 1.240 hp (900 kW) abbinato a un'un'elica metallica a tre pale a passo variabile, una maggiore capacità del serbatoio del carburante e l'installazione di slat sul bordo d'attacco delle ali.

In seguito fu presa la disposizione di sostituire una o entrambe le mitragliatrici con armi di calibro 12,7 mm, il cannone da 20 mm montato sul mozzo fu sostituito da uno di calibro 23 mm in alcuni casi fu montata una coppia di mitragliatrici da 12,7 mm sotto le ali.

- Tre velivoli furono dotati ciascuno di un cannone da 37 mm e denominati LaGG-3K-37, e un esemplare era dotato del motore Klimov M-107A da 1.650 hp.

Furono sottoposti a test militari nella 43[a] Divisione Aerea e, secondo il rapporto, questi aerei riuscirono a distruggere cinque carri armati tedeschi. Il potente armamento spinse letteralmente questi apparecchi a essere utilizzati come aerei d'attacco: tuttavia, i nuovi cannoni di Shpitalny erano ancora rudimentali e non funzionavano in modo affidabile.

Questi tre aerei non combatterono a lungo, in quanto a metà ottobre furono abbattuti nella zona di Vyazma.

- La produzione del LaGG-3 fu completata alla fine dell'estate del 1942 con un totale di 6.528 esemplari costruiti.

Una volta in servizio con le unità, il LaGG-3 fu ampiamente utilizzato nelle prime fasi della guerra contro i tedeschi, in particolare sul fronte finlandese, e le sue prestazioni si dimostrarono soddisfacenti: tuttavia, l'aereo non possedeva le caratteristiche di un intercettore che erano state previste nel progetto originale.

- Venne, comunque, utilizzato con successo in compiti di scorta ai bombardieri, attacchi al suolo e attacchi mirati, come aereo da ricognizione e come bombardiere.

Inoltre, il LaGG-3 si dimostrò estremamente versatile e affidabile: il suo armamento tipico comprendeva un cannone da 20 mm che sparava attraverso il mozzo dell'elica e due mitragliatrici da 12,7 mm, mentre sotto le ali erano previsti supporti per bombe leggere o razzi.

Fino all'agosto 1942, dalle linee di assemblaggio uscirono in totale 6.528 LaGG-3, un numero notevole considerando le prestazioni non eccezionali dell'aereo.

Il Lavochkin LaGG-3 esposto al Museo della grande guerra patriottica, a Mosca.

- Nel corso della produzione furono completati numerosi altri prototipi sperimentali, costruiti con l'obiettivo di migliorare le caratteristiche dell'aereo.

Lavochkin, in particolare, si dedicò al compito di perfezionarlo: dopo una serie di tentativi falliti, il successo fu raggiunto quando divenne disponibile un motore radicalmente nuovo.

- Si trattava del motore radiale Shvetsov M.82 che, una volta montato sul LaGG-3, lo trasformò in un aereo di prima classe, il LaGG-5 del 1942, uno dei migliori caccia sovietici dell'intera guerra.

Costruito principalmente in legno, il LaGG-3 si è, comunque, dimostrato sorprendentemente resistente ai danni.

Sebbene non abbia funzionato bene come altri progetti russi, ha rappresentato una sorta di soluzione tampone finché non si potessero produrre numeri sufficienti di caccia più performanti.

Lo sviluppo successivo del velivolo ha incluso l'aggiunta di un motore radiale che ha aumentato velocità e prestazioni: questo prototipo ha, infine, portato al LaGG-5.

- L'ala completamente in legno, con superfici in compensato, era analoga a quella dello Yak-1.

L'unica differenza era che le ali del LaGG-3 erano costruite in due sezioni.

Anche con la cellula più leggera e il motore sovralimentato, il LaGG-3 era seriamente sottodimensionato, il che portò a molti problemi di prestazioni durante il combattimento.

Il LaGG-3 fu migliorato durante la produzione, con conseguenti 66 varianti minori nelle 6.528 che furono costruite.

Il decollo con il LaGG-3 era semplice se si seguivano questi passaggi per un avviamento a freddo del motore:

- Aprire l'acceleratore al 15% circa.
- Impostare la miscela su completamente ricca.
- Chiudere le alette del radiatore dell'acqua e dell'olio.
- Impostare il regime minimo.
- Accendere: tasto "E" di default.
- Impostare le alette a 20°.
- Aspettare che la temperatura del radiatore dell'olio raggiunga i 40° C e quella del radiatore dell'acqua gli 80°.
- Allinearsi sulla pista e bloccare il ruotino di coda tirando indietro la leva per tenerlo abbassato.

- Aprire completamente i flap del radiatore dell'acqua e dell'olio.

- Accelerare a piena potenza, giri al minuto massimi. Correggere la rotta con un piccolo input del timone.

- Non appena si raggiungono i 140 km/h, centrare la leva e livellare per aumentare un po' la velocità.

- Quando si raggiungono i 190 km/h, ruotare delicatamente.

- Una volta in aria, tirare su il carrello e iniziare a salire. Regolare i giri al minuto e la pressione del collettore di conseguenza.

Storia

Questo apparecchio era un velivolo che poneva nuovi standard nella progettazione aeronautica sovietica, introducendo un tettuccio completamente chiuso e linee più aerodinamiche, e si presentava come un velivolo inconsueto rispetto ai tempi: costruito quasi interamente in legno, fatta eccezione per le superfici mobili dalla struttura metallica, questo caccia univa in maniera eccellente la caratteristica semplicità costruttiva e leggerezza del legno, con una straordinaria robustezza strutturale.

- Dato l'utilizzo di un materiale, il legno, particolarmente abbondante nei territori russi e data la semplicità di costruzione, il LaGG-3 venne immediatamente messo in produzione e all'epoca dell'invasione tedesca, svariate centinaia di esemplari erano in prima linea.

Si può, pertanto, benissimo affermare che sulle spalle del LaGG-3 ricadde il peso di contenere, in qualche modo, la supremazia aerea della Luftwaffe.

- Da un punto di vista qualitativo, il LaGG-3 non fu certamente un fuoriclasse.

Nonostante la buona velocità di punta e la grande autonomia, il velivolo era veramente poco agile e il suo pilotaggio era particolarmente difficile, anche per via della scarsissima visibilità dell'abitacolo.
Oltre alla staticità del velivolo, anche il suo comportamento in volo rappresentava problemi: l'aeroplano, infatti, tendeva pericolosamente ad andare in vite senza preavviso nelle virate strette e presentava scarsa stabilità generale, tanto che

rappresentava un pericolo tanto per il nemico, quanto per i piloti stessi.

- A ogni modo, l'urgenza di velivoli da mandare al fronte spinse le autorità sovietiche a dare un'alta priorità alla costruzione del LaGG-3, tanto che nel giro di due anni ne vennero prodotte più di 6.000 unità, che equipaggiarono gli squadroni da combattimento praticamente fino alla fine delle ostilità, nonostante l'entrata in servizio di apparecchi nettamente superiori.

Sebbene il mezzo non sia stato il caccia sperato e fosse nettamente inferiore rispetto ai velivoli tedeschi, il suo servizio fu ugualmente prezioso per la VVS: infatti, data la gran varietà di armi da caduta che poteva portare e la possibilità di adottare senza particolari difficoltà calibri diversi, il LaGG-3 si rivelò un versatile mezzo per l'attacco al suolo e l'assalto, ideale anche nel ruolo di intercettatore dei bombardieri nemici.

Da un punto di vista operativo, il LaGG-3 venne impiegato intensamente lungo tutto il fronte russo-tedesco, ma fu specialmente contro la Finlandia che il mezzo operò maggiormente con le squadriglie da caccia, data, soprattutto, la reazione di un'opposizione più abbordabile e la presenza di un parco aeronautico abbastanza obsoleto, almeno nelle prime fasi del conflitto.

Da segnalare, che tre esemplari del LaGG-3 vennero catturati dalle truppe finlandesi, che li valutarono e impiegarono, mentre un esemplare finì in mano nipponica a seguito di una diserzione di un pilota sovietico.

- Tale apparecchio venne testato da piloti nipponici, i quali ne lamentarono, anche loro, la scarsa agilità.

Il piano per il 1941 prevedeva la produzione di 2.960 caccia LaGG-3: entro il 22 giugno erano stati prodotti 322 velivoli: il ritmo di produzione era,dunque, ben inferiore all'obiettivo pianificato.

- L'obiettivo per il 1° luglio 1941 era di 805 LaGG-3.

Il progetto non fu completamente sviluppato a causa dell'estrema fretta di lanciare il velivolo in produzione: inoltre, Lavochkin ebbe problemi con lo stabilimento di Gorky.

Lavochkin LaGG 3 modello 29 prototipo 01.

Infatti, delle 100 persone dell'ufficio di progettazione di recente costituzione da Khimki a Gorky, non più di trenta accettarono di trasferirsi: i restanti lavoratori, e non certo i peggiori, rimasero con Gudkov.

- Con l'inizio della produzione in serie erano sorti problemi di qualità.

Le lamentele cominciarono ad arrivare dalle unità in cui erano stati inviati i nuovi caccia: gli aerei non fornivano abbastanza velocità, il carrello d'atterraggio, visto il peso dei due serbatoi di carburante aggiuntivi, tendeva a rompersi, e si verificarono guasti agli armamenti e ai meccanismi di retrazione ed estensione del carrello di atterraggio.

In seguito alle modifiche basate sui risultati dei test dei prototipi e all'installazione di apparecchiature aggiuntive, il peso dei LaGG-3 di serie era aumentato di 70 kg, la velocità massima di volo era scesa a 550-555 km/h e l'autonomia di volo era diminuita.

Durante l'impiego negli aeroporti campali, vennero alla luce alcuni gravi difetti del velivolo: aspirazione dei flap di atterraggio, visibilità molto limitata nella parte posteriore, tendenza a stallare e a entrare in vite a bassa velocità.

- In termini di efficienza del peso e compattezza del design, il LaGG-3 era significativamente inferiore allo Yak-1: il progetto LaGG-3, con lo stesso motore e un armamento quasi identico, era, infatti, più pesante di 300 kg.

Ciò era dovuto principalmente alla struttura in legno della fusoliera, rispetto alla struttura a traliccio dello Yak-1; inoltre, c'era anche una differenza di peso nelle ali: i punti di attacco della console del LaGG si sono rivelati più pesanti rispetto allo Yak, che non aveva connettori.

Tuttavia, la capacità di sopravvivenza del LaGG-3, e in particolare del suo successore, il Lavochkin Lagg-5, fu incredibile.

- Uno dei primi a ricevere il LaGG-3 fu il 164th Fighter Aviation Regiment, di stanza nel Caucaso.

In questo reggimento, il maresciallo dell'aria N.M. Skomorokhov iniziò la sua carriera come pilota militare e terminò la guerra come Maggiore, avendo abbattuto personalmente 46 aerei, otto dei quali in gruppo.

Tre reparti di LaGG-3 del 160° reggimento consentirono la fuga di G.K. Zhukov verso Leningrado assediata.

Sull'altro fianco dell'enorme fronte, i LaGG-3 serie 1 erano in servizio con il 44° Reggimento di Aviazione da Caccia del Fronte di Leningrado, trasformato nell'11° Reggimento delle

Guardie il 7 marzo 1942. Nell'agosto del 1941, i piloti del 17°
reggimento di caccia utilizzarono i LaGG-3 per coprire gli
attraversamenti del Dnepr nella zona di Kremenchug.

A luglio, anche il 170th Fighter Aviation Regiment ricevette il
LaGG-3, mentre nell'autunno del 1941, il 69° Reggimento di
Aviazione da Caccia fu riequipaggiato con il LaGG-3 dell'I-16.

Uno dei piloti da caccia di maggior successo della Grande
Guerra Patriottica, A.V. Alelyukhin, prestò servizio nel
Reggimento: 40 vittorie ottenute personalmente e 17 in gruppo.

- Il LaGG-3 non divenne il simbolo della battaglia per il
  cielo di Mosca, ma i reggimenti che combatterono sui
  LaGG-3 diedero, comunque, un contributo significativo
  alla causa comune.

Sul fronte occidentale, i LaGG-3 vennero ampiamente utilizzati
come aerei da ricognizione. Nel gennaio 1942, il LaGG-3,
insieme al bimotore Pe-2, era in servizio presso il 3°
Reggimento di Aviazione da Ricognizione.

Nell'aviazione navale, i LaGG-3 vennero impiegati nel Mar
Baltico e nel Mar Nero.

Nel Baltico prestarono servizio presso il 3° Reggimento, il
primo reggimento di aviazione navale, insignito del titolo di
Guardia il 18 gennaio 1942 (in precedenza 5° Reggimento
dell'aviazione da caccia).

Tecnica

Il Lavochkin LaGG-3 era un monoplano monomotore ad ala bassa, la cui struttura era, come detto, quasi completamente i legno: le componenti principali erano costruite impiegando pannelli di legno laminato, trattato con lacca alla bachelite.
Solamente le superfici di controllo erano metalliche con rivestimento in tela.

- Il carrello era retrattile, di tipo triciclo posteriore, dotato di ampia carreggiata.

Le ali in legno del LaGG-3, con superficie in compensato, erano di pianta trapezoidale, con pronunciata rastrematura alle estremità: si presentavano analoghe a quelle dello Yakovlev Yak-1, tuttavia, quelle del Lavochkin erano costruite in due sezioni.
Gli impennaggi erano di tipo tradizionale.
La fusoliera, era la stessa del Mikoyan-Gurevich MiG-3 e, nel tronco posteriore, raccordava direttamente la cabina di pilotaggio con la deriva, costituendo, in tal modo, un limite alla visibilità posteriore del pilota.

- La propulsione del Lavochkin LaGG-3 era affidata al Klimov M-105P, un motore 12 cilindri a V dotato di compressore volumetrico, in grado di sviluppare circa 1.240 hp (780 kW) di potenza e appositamente studiato per consentire l'installazione di un cannone tra le bancate dei cilindri.

L'elica era di tipo tripala, metallica, a passo variabile.
Il LaGG-3 era armato con un cannone ShVAK calibro 20 mm, sparante attraverso il mozzo dell'elica e con due mitragliatrici

ShKAS calibro 7,62 mm, più tardi sostituite con due Berezin UB da 12,7 mm.

Nei ganci subalari era possibile alloggiare bombe per un peso complessivo massimo di 200 kg oppure fino a 8 razzi RS-82.

- I caccia LaGG-3 delle prime tre serie erano praticamente indistinguibili l'uno dall'altro.

A partire dalla quarta serie, gli aerei iniziarono ad essere equipaggiati con motori Klimov M-105PA più avanzati, con la stessa potenza dell'M-105P, ma dotati di un carburatore K-105PB migliorato.

Anche la fusoliera dell'aereo subì modifiche strutturali: grazie a queste innovazioni, il peso al decollo dell'aereo diminuì rispetto alla prima serie e divenne pari a 3.280 kg.

Tuttavia, durante la produzione in serie dell'aereo, vi furono difetti di fabbricazione che influenzarono seriamente le caratteristiche di volo dell'aereo: la velocità di volo diminuì, 549 km/h contro 575 per la prima serie, il rateo di salita peggiorò notevolmente, 588 metri al minuto contro 735 per la prima serie, l'autonomia di volo divenne pari a 870 chilometri, contro 1.100 per la prima serie.

- Inoltre, la manovrabilità dell'aereo era peggiorata.

Sotto quasi tutti gli aspetti, l'aereo era inferiore al caccia tedesco Bf 109F-4, consegnato al fronte orientale all'inizio della guerra.

Per questo motivo, i LaGG-3 hanno sempre avuto una cattiva reputazione: tuttavia, il velivolo non meritava affatto una simile valutazione.

Sì, era pesante, lento nelle manovre, ma in mani esperte poteva facilmente competere con qualsiasi nemico: il 3 febbraio 1942, A.A. Gubanov su un LaGG-3 abbatté tre Bf 109 in una battaglia.

Un altro esempio, secondo i resoconti nazionali, il 21 marzo 1942, nella regione di Rzhev, cinque LaGG-3 si scontrarono con

30 aerei della Luftwaffe, riuscendo ad abbattere cinque aerei tedeschi senza subire perdite da parte loro.

- La successiva grande modifica al design dell'aereo venne apportata nell'ottava serie di produzione.

L'impiego in combattimento del LaGG-3 dimostrò la scarsa efficacia delle mitragliatrici ShVAK da 7,62 mm. Sulla base di ciò, si decise di rimuovere entrambe le mitragliatrici dall'aereo, lasciando il cannone ShVAK e le mitragliatrici Berezin da 12,7 mm: ciò rese il veicolo più leggero aumentandone la manovrabilità.
La produzione dell'ottava serie di aerei iniziò alla fine del 1941.

- Successivamente, l'ottava serie fu equipaggiata con un cannone VYa-23 da 23 mm, con una capacità di fuoco 370-500 colpi al minuto e velocità alla volata di 905 m/s.

Questo cannone ha dimostrato la sua efficacia contro veicoli nemici leggermente corazzati e non corazzati. Un piccolo numero di velivoli di questa serie era equipaggiato con una telecamera AFA-1 e veniva utilizzato come aereo da ricognizione in prima linea.
Gli scontri dei primi mesi del 1941 dimostrarono la necessità di dotarsi di caccia in grado di essere impiegati come aerei da attacco leggeri per sferrare attacchi a diretto supporto delle truppe in avanzata.

- La prima modifica del caccia LaGG-3 in questo ruolo fu l'aereo della serie 11.

Infatti, questa serie ricevette, oltre a sei lanciatori per razzi RS-82, anche rastrelliere per bombe D3-40.
Grazie a queste rastrelliere, l'aereo poteva utilizzare bombe leggere fino a 50 kg ad alto esplosivo FAB-50, a frammentazione AO-25M e FAB-50M, o chimiche KHAB-25 e AOX-15.

Gli aerei erano, inoltre, dotati di contenitori chimici VAP-6M (Aircraft Pour Device) con 38 litri di gas fosforo e di uno spruzzatore ASBR-2 in grado di scaricare tutto il gas in 3-4 secondi.

Per distruggere le forze nemiche vennero impiegati anche contenitori incendiari ZAP-6.

- Le capacità di combattimento degli aerei dell'11a serie furono ulteriormente aumentate all'inizio del 1942, dopo che i lanciatori RO-82 furono sostituiti con i lanciarazzi RS-132.

Per rendere il caccia più leggero, si decise di ridurre la riserva di carburante, ovvero di tornare alla versione originale del LaGG, dotata di tre serbatoi.

Di conseguenza, gli 11 LaGG-3 della serie non erano dotati di serbatoi alari, e, per compensare quelli integrati, fu proposto di utilizzare serbatoi sganciabili subalari con una capacità fino a 100 litri, che, tuttavia, non furono ampiamente utilizzati.

Le versioni d'attacco del LaGG-3 furono utilizzate sul fronte di Kalinin tra la fine del 1941 e l'inizio del 1942. Il 129° Reggimento Aviazione, equipaggiato con i caccia LaGG-3 Serie 11, ricevette il titolo di Guards per le sue azioni vittoriose all'inizio del 1942: alcuni velivoli di questo reggimento furono convertiti in una versione invernale, sostituendo il telaio con ruote con degli sci.

- Nel 1942 iniziò la produzione del caccia LaGG-3 in versioni aggiornate.

La prima nuova variante fu la 23a serie di produzione, che si differenziava dalle precedenti per lo stabilizzatore di virata più grande: tutti i lavori di ammodernamento del velivolo erano volti a migliorare le caratteristiche di volo.

La successiva grande innovazione, progettata per migliorare le caratteristiche di volo dell'aereo, fu la sostituzione del motore sulla 28a serie.

Questa opzione era stata proposta dal gruppo di progettazione di Gorbunov: il LaGG-3 ricevette un motore Klimov M-105PF più potente.

Inoltre, rimuovendo alcune armi e attrezzature, il peso fu ulteriormente ridotto, diventando paria 2.865 kg.

- Grazie alla riduzione del peso e all'impiego di un motore più potente, le caratteristiche di volo dell'aereo vennero migliorate.

La velocità massima della serie LaGG-3 29 fu stata aumentata a 566 km/h e la velocità di salita a 781 metri al minuto.

Il primo aereo della 28a serie fu prodotto nel giugno 1942.

A partire dall'agosto 1942, la stazione radio RSI-4 Malyutka fu installata sugli aerei della 29a serie: inoltre, sempre a partire dalla 29a serie, i caccia LaGG-3 furono equipaggiati con un'elica VISh-150SV dal diametro maggiorato.

Gli aerei della serie 33 erano praticamente identici alla serie LaGG-3 29, con piccole modifiche progettuali nella fusoliera e nella sezione di coda dell'aereo.

- La versione di maggior successo del 1942 fu la serie 35.

Furono apportate numerose modifiche all'aereo per migliorare l'aerodinamica della fusoliera: ciò ha permesso di mantenere le buone caratteristiche di volo della versione "leggera" del LaGG-3, mantenendo al contempo tutte le capacità di combattimento di un caccia di prima linea.

La serie LaGG-3 35 venne prodotta nello stabilimento GAZ-31 dall'agosto 1942 alla primavera del 1943: nel 1942 furono costruiti complessivamente 2.771 caccia LaGG-3.

- Le modifiche più significative furono, comunque, apportate al LaGG-3, progettato per distruggere i carri armati e i veicoli corazzati nemici: per questo scopo, il team di progettazione guidato da Lavochkin si impegnò a modernizzare il caccia.

Il primo tentativo di realizzare un aereo anticarro fu il LaGG-3 dotato di un cannone MP-6 da 23 mm progettato da Taubin: i test vennero effettuati all'inizio del 1941, ma, sulla base dei test, si giunse alla conclusione che il cannone da 23 mm era insufficiente per combattere i nuovi carri armati tedeschi.

- Si decise, quindi, di realizzare una versione del caccia dotata di un cannone da 37 mm.

L'idea di installare cannoni di grosso calibro sul LaGG-3 per combattere i veicoli corazzati nemici nacque nel 1940 da Gudkov, e lo sviluppo di un caccia con cannoni da 37 mm da parte di Taubin e Shpitalny iniziò dopo il decreto governativo del marzo 1941.

Il primo cannone non era collegato al motore M-105 e non poteva essere installato nel LaGG-3, mentre il secondo, lo Sh-37, era più facile, ma consentiva solo un montaggio temporaneo, in quanto non era progettato per un gran numero di colpi: infatti, era possibile caricare solo 21 colpi nell'aereo invece dei 50 richiesti, e, anche se la mitragliatrice BS fosse stata smontata, il carico di munizioni non avrebbe superato i 30 colpi.

- Il terzo LaGG-3, n. 23, costruito nel febbraio 1941, fu convertito nel primo aereo anticarro.

Per ospitare il cannone Sh-37, il generatore elettrico GS-10-350 fu rimosso dal motore, e la mancanza di energia elettrica fu compensata installando una batteria supplementare.

Inoltre, entrambi gli ShKAS furono eliminati e i punti di montaggio della mitragliatrice BS furono modificati.

Al posto del cannone ShVAK, fu montato lo Sh-37 con 20 colpi di munizioni, con relativo caricatore di riserva di altri 2à colpi.

Con un peso del caccia a vuoto di 2.511 kg e un carico completo di carburante e olio (402 kg), il peso al decollo dell'aereo era di 3.318 kg.

Nella fretta di presentare il veicolo all'esercito, non furono effettuati tutti i test di fabbrica, di conseguenza, l'arma e la sua installazione dovettero essere modificate presso l'Air Force Research Institute durante i test statali iniziati nella primavera del 1941.

Secondo i piloti collaudatori, la tecnica di pilotaggio del caccia non era cambiata: quando sparava con un cannone di grosso calibro, sia colpi singoli che raffiche fino a 20 proiettili, la modalità di volo del veicolo non cambiava. La conclusione sui risultati dei test statali, approvata 16 giorni prima dell'inizio della guerra, affermava: "Dopo i perfezionamenti effettuati, il cannone a motore per aerei calibro 37 mm del sistema V.G. Shpitalny, installato sul LaGG-3 M-105P, ha superato i test statali".

- Nel 1941, lo stabilimento n. 21 costruì i primi 20 LaGG-3 con cannoni Sh-37 da 37 mm (designazione di fabbrica: tipo 38) e l'anno successivo, prima che lo stabilimento passasse alla produzione del LaGG-5, altri 65 veicoli.

Questi aerei divennero la base del 42° Reggimento di Aviazione da Caccia del Tenente Colonnello F.I. Shinkarenko, nell'ambito del quale iniziarono le prove militari sul fronte di Bryansk nel marzo 1942. Inizialmente, Gudkov, che non aveva nulla a che fare con l'installazione dell'artiglieria, fu incluso nella commissione del NKAP e solo dopo l'appello di A.S. Yakovlev all'Aeronautica Militare fu nominato Lavochkin al suo posto.

Due squadriglie (otto velivoli) di LaGG-3 abbatterono tre aerei nemici con il fuoco dei cannoni durante una battaglia aerea: i piloti che presero parte a questa battaglia parlarono con entusiasmo del cannone, i cui proiettili lasciavano grandi buchi negli aerei e nelle fusoliere dei bombardieri nemici.

- Tuttavia, nonostante l'addestramento, alcuni piloti esaurirono tutte le loro munizioni già nel primo attacco.

Si scoprì anche che, quando si sparavano lunghe raffiche di cannone, il LaGG-3 perdeva velocità.

Il nemico, venuto a conoscenza della comparsa di un'arma così potente al fronte, cominciò letteralmente a dare la caccia al reggimento: di conseguenza, i test dovettero essere interrotti e il reggimento fu ridistribuito nella regione di Mosca, ma non per molto.

A maggio, il 42nd Fighter Aviation Regiment fu inviato sul fronte occidentale, subordinato alla 202nd Aviation Division del colonnello B.I. Jansen: dopo quasi ogni missione di combattimento, i piloti segnalavano l'abbattimento di aerei nemici.

Secondo Shinkarenko, il comandante dello squadrone, il capitano M. Gorbanev, fu il primo del reggimento ad abbattere un bombardiere a lungo raggio He-111, colpendolo da una distanza di 400 metri, quasi il doppio di quella praticata in combattimento per distruggere bersagli aerei.

- Nell'agosto del 1942, 45 aerei nemici furono abbattuti in battaglie aeree utilizzando cannoni da 37 mm.

Oltre al 42° reggimento di caccia, anche il 188° reggimento di caccia del tenente colonnello G.I. Cherepanov era equipaggiato con LaGG-3 dotati di un cannone da 37 mm.

Nell'agosto del 1942, il LaGG-3 anticarro con motore M-105PF e una nuova elica VISh-61P con un diametro di 3 metri entrò nei test di stato.

La macchina aveva elevatori e timoni modificati con compensazione aerodinamica, che riducevano il carico sul comandi e un sistema di carburante a cinque serbatoi dello stesso volume; inoltre, sulle ali, vennero installati portabombe.

- Oltre al cannone Shpitalny da 37 mm, c'era una mitragliatrice VS con 140 colpi.

Nella sua conclusione, l'Air Force Research Institute dichiarava che l'aereo poteva essere utilizzato per distruggere carri armati e veicoli corazzati con una corazzatura fino a 40 mm, nonché personale nemico. Ma queste conclusioni dovevano ancora essere testate in combattimento.

Nonostante la recensione favorevole del principale istituto dell'Aeronautica Militare, il LaGG-3 con il cannone Sh-37 non subì ulteriori sviluppi.

Poco dopo, sul LaGG-3 fu testato un cannone calibro 45 mm, realizzato sostituendo la canna dello Sh-37.

Il motivo dell'abbandono dell'Sh-37 fu la comparsa del cannone NS-37, sviluppato da A.E. Nudelman e A.S. Suranov nell'OKB-16 parallelamente all'Sh-37.

La storia di quest'arma ha inizio durante la vita del primo capo dell'OKB-16, Ya.G. Taubin.

- A differenza dello Sh-37, il funzionamento automatico del cannone NS-37 non si basava sull'estrazione del gas dall'anima della canna, ma su un azionamento tramite una canna in movimento con una corsa breve, con alimentazione diretta tramite una cinghia porta cartucce: questa circostanza ne determinò successivamente le caratteristiche più elevate e l'affidabilità.

La modifica più recente e avanzata è stata la serie LaGG-3 66, che ha implementato le raccomandazioni TsAGI nel campo dell'aerodinamica della cellula: sulla base degli sviluppi del Yakovlev Design Bureau per l'aereo Yak-1B, furono apportate alcune modifiche al progetto dell'aereo.

Il LaGG-3 era dotato di un nuovo tettuccio con vetri blindati anteriori, spessore di 55 mm, e posteriori e di una carenatura ribassata, che migliorava la visibilità nella parte posteriore.

Il legno Delta fu gradualmente sostituito dal pino comune, che aveva un peso specifico notevolmente inferiore: sono state, inoltre, introdotte misure per ridurre il peso al decollo dell'aereo, alleggerendo e modernizzando l'equipaggiamento dell'aereo.

- Infatti, il peso al decollo del LaGG-3 serie 66 fu ridotto a 2.990 kg.

Le caratteristiche di volo del LaGG-3 serie 66, velocità massima di 591 km/h e velocità di salita di 893 metri al minuto, gli consentirono di combattere ad armi pari con i principali caccia tedeschi del fronte orientale, il Bf109G-6 e il Fw190A-3.

- Tuttavia, il LaGG-3 era ancora inferiore a loro in termini di armamento.

Gli aerei della 66a serie furono costruiti a Tbilisi dalla primavera del 1943 alla metà del 1944: furono prodotti in totale 6.528 caccia LaGG-3 della 66a serie.

Alla fine della guerra, il LaGG-3 combatté principalmente nel Baltico e nell'istmo di Carelia, dove il nemico principale erano i finlandesi, i cui caccia erano ben lontani dai modelli più moderni. Nel maggio del 1945 non c'erano praticamente più LaGG-3 nelle unità di combattimento.

Caratteristiche tecniche

Dimensioni e pesi

Lunghezza: 8,81 metri
Apertura alare: 9,80 metri
Altezza: 2,54 metri
Superficie alare: 17,62 m^2
Peso a vuoto: 2.680 Kg
Peso massimo al decollo: 3.346 Kg

Propulsione

Motore: un Klimov M-105P, 12 cilindri a V
Potenza: 1.240 hp (780 kW)

Prestazioni

Velocità massima: 575 km/h
Velocità di salita: 12,25 metri al secondo
Autonomia: 1.100 km
Tangenza: 9.500 metri

Armamento

Mitragliatrici: 2 ShKAS calibro 7,62 mm o 2 Berezin UB calibro 12,7 mm
Cannoni: un ShVAK calibro 20 mm
Bombe: fino a 200 kg in ganci subalari
Missili: fino a 8 (RS-82 o RS-132) in alternativa alle bombe

Motore Klimov M-105

Il Klimov M-105 era un motore aeronautico a 12 cilindri a V, raffreddato a liquido.

Sviluppato dal precedente Klimov M-103, fu prodotto in Unione Sovietica a partire dal 1939.

L' M-105 venne progettato sul finire degli anni trenta sfruttando l'esperienza acquisita con le precedenti realizzazioni dell'OKB guidato da Vladimir Jakovlevič Klimov: l'M-100 e l'M-103.

n particolare, di quest'ultimo, l'M-105 manteneva le dimensioni relative all'alesaggio e alla corsa.

- Le principali innovazioni introdotte con l'M-105 consistevano nel compressore, di tipo meccanico, a doppia velocità, nella doppia valvola d'aspirazione per ogni cilindro e nel contro bilanciamento dell'albero a gomiti.

Prodotto in circa 129.000 esemplari, il V12 di Klimov acquisì, durante la guerra, in base al sistema utilizzato dalle autorità sovietiche, che introduceva l'identificazione del progettista mediante l'indicazione delle iniziali del nome, la nuova designazione VK-105.

Versioni

- **M-105**

Prima versione, prodotta a partire dalla fine del 1939; equipaggiò alcuni aerei da caccia anteguerra e sviluppava una potenza pari a 1 100 hp (820 kW).

- **M-105P**

Prima versione prodotta in serie. La sigla "P" stava ad indicare che il motore poteva alloggiare un cannone (in russo Puška) tra le bancate dei cilindri. Equipaggiò la maggior parte dei caccia sovietici realizzati prima della guerra: potenza: 1 050 hp (780 kW).

- **M-105PA**

Versione migliorata, prodotta a partire dal 1941: potenza pari a 1 200 hp (890 kW).

- **M-105PF (VK-105PF)**

Variante realizzata a partire dal 1942: le modifiche introdotte consentivano un significativo incremento della potenza erogata, a discapito delle prestazioni alle quote più elevate.
Malgrado i timori di Klimov, preoccupato che l'incremento della potenza potesse condurre alla riduzione del ciclo di vita del propulsore, la produzione di questa versione venne approvata su sollecitazione dei vertici della Yakovlev che equipaggiarono con questa unità motrice la maggior parte dei loro caccia.
Potenza erogata: 1.260 hp (940 kW).

- **VK-105PF2 e PF3**

Nuove versioni caratterizzate da ulteriori incrementi della potenza erogata, rispettivamente 1.300 e 1.360 hp, pari a 970 e 1.015 kW.

- **M-105PD**

Versione rimasta allo stadio sperimentale. Realizzata specificamente per l'impiego alle quote più elevate, era dotata di compressore a doppia velocità "E-100" e sviluppava una potenza di 1.170 hp (870 kW).

Klimov VK-105PF con potenza di 1.260 hp (940 kW). Si noti il cannone ŠVAK da 20 mm posizionato tra i blocchi motore che sparava attraverso l'albero cavo dell'elica.

- **M-105R**

Versione realizzata per l'impiego sui velivoli da bombardamento. Caratterizzata dal decremento del rapporto di riduzione, aveva un rapporto di trasmissione ridotto, 0,59 anziché 0,666, e sviluppava una potenza di 1.100 hp (820 kW).

- **M-105RA**

Aggiornamento della versione specificamente destinata ai bombardieri, anche in questo caso, agendo sul rapporto di riduzione: potenza pari a 1.110 hp (830 kW).

Caratteristiche tecniche

- Motore a V di 12 cilindri raffreddato a liquido
- Alimentazione: a carburatore, sovralimentato con un compressore centrifugo (DCS) a due velocità con rapporti di trasmissione di 7,85 e 10, per aumentare la potenza a basse e medie altitudini.
- Cilindrata: 35,1 L. Per ridurre il carico sui perni principali dell'albero motore, sono stati installati dei contrappesi sull'albero motore.
- Alesaggio: 148,0 mm
- Corsa: 170,0 mm
- Distribuzione: OHV, a tre valvole per cilindro, due di aspirazione e una di scarico
- Combustibile: benzina a 90-96 ottani
- Potenza:
    - ❖ 1.050 hp (782 kW) a 2.700 giri alla quota di 4.000 metri
    - ❖ 1.100 hp (820 kW) a 2.700 giri in fase di decollo

- Potenza specifica: 23,4 kW/L
- Lunghezza: 202,7 cm
- Larghezza: 77,7 cm
- Altezza: 94,5 cm
- Rapporto di compressione: 7,1
- Peso a vuoto: 575 kg

Cannone ShVAK

Lo ShVAK era un cannone automatico a uso aeronautico calibro 20 mm, progettato in Unione Sovietica e utilizzato nei velivoli da combattimento della VVS durante la seconda guerra mondiale.

- Il cannone automatico ShVAK da 20 mm era una versione di grosso calibro della mitragliatrice ShKAS da 12,7 mm.

Lo stabilimento INZ-2 iniziò la produzione di mitragliatrici ShVak da 12,7 mm nel 1935: nel 1935-1936 la mitragliatrice ShKAS da 12,7 mm fu ricamerata per un calibro di 20 mm e ne fu avviata la produzione in serie.
Alcuni mesi dopo, la versione da 12,7 mm venne ritirata del tutto dalla produzione.

- La versione con cannone automatico differiva, quindi, solo per il calibro.

Il cannone ShVAK da 20 mm venne prodotto nelle versioni: alare, torretta e mitragliatrice.
La versione mitragliatrice differiva per la maggiore lunghezza, la presenza dell'ammortizzatore e una serie di altre piccole cose.
Il cannone motorizzato ShVAK, con alcune modifiche, nel 1941-1942 fu installato sui carri armati T-60 e T-38.
Si trattava di un'arma con munizioni a maglie disintegranti, alimentata tramite nastro a gas, con caricamento tramite cavo o pneumatico nelle applicazioni a distanza.

- Cadenza di fuoco: 700-800 colpi/min
- Velocità iniziale: 750-790 m/s
- Peso: 40 kg (88 libbre) senza munizioni
- Lunghezza: 1.679 mm (66,1 pollici)

Le munizioni ShVAK erano composte da un mix di proiettili incendiari a frammentazione e perforanti.
Nel 1944 lo ShVAK venne soppiantato dallo sviluppo da 20 mm della mitragliatrice Berezin UB da 12,7 mm: il Berezin B-20 offriva le stesse prestazioni dello ShVAK da 20 mm, ma con il vantaggio di essere significativamente più leggero.

Mitragliatrice Berezin

Nel 1937 ME Berezin iniziò a progettare una mitragliatrice ad aria compressa sincrona da 12,7 mm ad alta potenza, con una cartuccia da 12,7 mm di una mitragliatrice da fanteria.

Tra ottobre e dicembre 1938 la mitragliatrice sincrona superò con successo i test di fabbrica e di tiro e, il 12 aprile 1939, su decisione del Comitato di Difesa, venne avviata la produzione in serie della mitragliatrice da 12,7 mm BS (Berezin Synchronous).

- Il sistema automatico della mitragliatrice funzionava grazie all'energia dei gas rilasciati dalla canna.

I vantaggi della mitragliatrice Berezin includevanoo: la disposizione ottimale di tutte le unità di controllo automatico e degli ingranaggi separati, un alta frequenza di tiro, il carico e lo scarico semplic, e la semplicità del dispositivo dell'ingranaggio.

- Nonostante tutti gli aspetti positivi, la mitragliatrice BS aveva anche alcuni gravi difetti.

La difficoltà della ricarica in aria con l'ausilio del sistema a cordino richiedeva al pilota grandi sforzi fisici, soprattutto nei minuti più decisivi di una battaglia.

Lavorando all'ulteriore perfezionamento del sistema, al fine di eliminare queste carenze e creare una mitragliatrice universale, Berezin sviluppò la mitragliatrice universale UB (Universal Berezin) in tre versioni, a seconda del luogo di installazione:

- Torretta: peso 21,43 kg, con cadenza di tiro di 800-1050 colpi/minuto.
- Ala: peso 21,14 kg, con cadenza di tiro di 800-1050 colpi/minuto.

- Sincrona: peso 21,45 kg, con cadenza di tiro di 700-800 colpi/minuto.

Furono, quindi, mantenuti i dettagli di base e gli ingranaggi di tutte e tre le versioni della mitragliatrice, ad eccezione del grilletto e degli ingranaggi di impatto, ai quali furono apportate alcune modifiche legate alla specificità del loro impiego.

Nelle versioni sincrona (UBS) e alare (UBK) fu utilizzato il controllo a distanza tramite un sistema di ricarica in caso di comparsa di arresti dell'aria con utilizzo di aria compressa.

- Fu il primo sistema di ricarica pneumatica della mitragliatrice ad essere installato sugli aerei sovietici, facilitandone notevolmente l'impiego in condizioni di battaglia.

Il carico di munizioni e la balistica erano identici a quelli della mitragliatrice ShVAK da 12,7 mm.

Durante i test, la mitragliatrice UB ha funzionato senza problemi a un'altitudine di 9.000 metri a ±48 °C, continuando a sparare con virate strette, virate di combattimento, looping e picchiate.

Dal 7 gennaio al 22 febbraio 1941, la mitragliatrice Berezin superò con successo le prove di servizio.

La mitragliatrice UB da 12,7 mm fu pronta in tempo per la guerra, che era iniziata da due mesi e rivelò l'inefficacia delle mitragliatrici ad aria compressa da 7,62 mm quando si sparava su bersagli aerei.

La produzione delle mitragliatrici UB veniva effettuata negli stabilimenti di Tula e Izhevsk.

- Nel 1941 furono costruite 6.300 mitragliatrici UB.
- Nel 1943, 43.690.
- Nel 1944, 38.340.
- Nel 1945, 42.952

Cannone VYa-23

Il Volkov-Yartsev VYa-23 era un cannone automatico da 23 mm (0,91 pollici), utilizzato sugli aerei sovietici durante la seconda guerra mondiale.

Nel 1940, Volkov e Yartsev crearono un cannone automatico, chiamato TKB-201 per il nuovo proiettile da 23 mm.

- L'intenzione originale era di creare un cannone in grado di penetrare la corazzatura dei carri armati tedeschi .

Furono costruiti in totale 64.655 VYa-23.

Il VYa-23 era un cannone automatico a gas alimentato a nastro con una cadenza di fuoco di 600-650 colpi al minuto, un'alta cadenza di fuoco per il calibro dell'epoca.

- Il cannone era lungo 2,14 metri e pesava 68 kg.

I suoi principali svantaggi erano il potente rinculo e il funzionamento molto brusco dei meccanismi di sparo e ricarica, che ne riducevano la durata e, spesso, causavano inceppamenti che non potevano essere riparati in aria.

- Secondo un rapporto dell'intelligence statunitense, il VYa-23 utilizzava una versione potenziata del meccanismo Berezin UB.

Una nuova potente cartuccia da 23×152 mm era stata sviluppata specificamente per il VYa: lo stesso calibro è stato poi utilizzato anche nei cannoni antiaerei trainati ZU-23 e semoventi ZSU-23-4 da 23 mm del dopoguerra.

Tuttavia, le munizioni per questo cannone antiaereo, successivo, avevano una carica di polvere e un innesco diversi e, quindi, non erano intercambiabili; infatti, le munizioni del cannone Volkov-Yartsev VYa-23 utilizzavano bossoli in ottone e non erano intercambiabili con le munizioni con bossoli in acciaio del moderno sistema d'arma antiaereo ZU-23. Questi due sistemi d'arma utilizzavano distanziatori diversi e, quindi, richiedevano munizioni di dimensioni leggermente diverse.

Le munizioni erano facilmente riconoscibili esternamente: mentre le munizioni VYa avevano bossoli in ottone, le munizioni antiaeronautiche del dopoguerra avevano bossoli in acciaio.

Le munizioni per VYa includevano proiettili incendiari a frammentazione, incendiari a frammentazione traccianti e perforanti incendiari.

Il peso totale e il riempimento dei proiettili HE erano più del doppio di quelli delle munizioni da 20 mm utilizzate dai cannoni ShVAK e Berezin B-20.

- Il proiettile perforante poteva penetrare 25 mm (1 pollice) di armatura a 400 metri (1.300 piedi).

Nonostante il grande proiettile, il VYa-23 si dimostrò una delusione nel suo ruolo anticarro previsto.

I carri armati leggeri tedeschi potevano essere distrutti solo se colpiti di lato o da dietro, mentre la corazzatura anteriore di tutti i carri armati era impenetrabile.

I carri armati medi potevano essere distrutti se colpiti nella parte superiore della torretta o nel vano motore da meno di 400 metri (1.300 piedi) in una picchiata superiore a 40°, una manovra molto difficile, anche nelle condizioni più ideali, aggravata dalla difficoltà di mirare a un bersaglio piccolo.

Missile RS-82

RS-82 e RS-132 erano missili non guidati a propellente solido utilizzati dall'esercito sovietico durante la seconda guerra mondiale.

Il lavoro di progettazione sui missili RS-82 e RS-132 iniziò alla fine degli anni '20, dal Gas Dynamics Laboratory (GDL).

- I diametri da 82 mm (3,2 pollici) e 132 mm (5,2 pollici) non furono scelti a caso.

Il fatto è che gli esperimenti furono condotti con proiettili di polvere da sparo con un diametro di 24 mm (0,94 pollici): la loro dimensione è determinata dai due calibri principali delle camere dei razzi, 82 mm e 132 mm, che furono poi conservati a lungo.

- Se 7 proiettili con un diametro di 24 mm vengono stipati strettamente in una camera di combustione cilindrica, il diametro interno di quest'ultima sarà pari a 72 mm: lo spessore delle pareti della camera è di 5 mm, quindi il diametro, o calibro del proiettile, sarà di 82 mm. Allo stesso modo, apparve il calibro del missile 132 mm.

Il primo lancio di prova di un razzo a combustibile solido fu effettuato nel marzo 1928, che volò per circa 1.300 metri e nel 1932 ebbero luogo con successo i lanci di prova in aria di missili RS-82 da un aereo Tupolev I-4 armato con sei lanciatori.
Nel 1933 la GDL divenne parte del Reactive Scientific Research Institute, dove continuò lo sviluppo dei missili.
Nel 1937, furono progettati lanciatori a rotaia RO-82 aerodinamicamente efficienti per montare queste armi sugli aerei.

L'RS-82 entrò ufficialmente in servizio nel 1937 e l'RS-132 nel 1938.

- I missili RS-82 erano trasportati dagli aerei dai caccia, mentre i missili RS-132, più pesanti, potevano essere trasportati dai bombardieri.

Il corpo bomba veniva spinto dalla combustione del propellente a una velocità di 340 metri al secondo, sufficienti a sostenere una traiettoria piatta per 1500 metri, dopo i quali perdeva precisione.

- Come la maggior parte dei missili non guidati, l'RS soffriva di scarsa precisione.

Naturalmente, la questione della stabilizzazione dei missili si presentò immediatamente. Furono condotti molti esperimenti per creare missili turbogetto di calibro 82 mm e 132 mm, ma la precisione dei proiettili era insoddisfacente.
Inoltre, con questo metodo di stabilizzazione, circa il 28-30% del peso della carica del missile veniva speso per la rotazione del proiettile e, di conseguenza, la velocità di avanzamento e l'autonomia di volo diminuivano.

- Fu, quindi, deciso di passare alla stabilizzazione alare dei missili senza la loro rotazione.

Inizialmente, i proiettili da 82 mm furono testati con uno stabilizzatore anulare che non andava oltre le dimensioni del proiettile stesso: tuttavia, gli esperimenti di tiro e soffiaggio nella galleria del vento dimostrarono che era impossibile ottenere un volo stabile con l'aiuto di uno stabilizzatore anulare.
Si decise, quindi, di utilizzare missili da 82 mm con un'oscillazione della coda a quattro alette stabilizzatrici di 200, 180, 160, 140 e 120 mm.

- Il risultato fu abbastanza netto: con una diminuzione delle alette, la stabilità e la precisione del volo peggioravano.

Infatti, durante gli esperimenti, si è scoperto che con uno stabilizzatore di 120 mm, il volo stabile non funzionava: i proiettili smettevano di roteare subito dopo che il motore aveva smesso di funzionare.

L'utilizzo di alette di dimensioni di oltre 200 mm si rivelarono troppo pesanti, spostando all'indietro il baricentro del proiettile, il che portava a un deterioramento della stabilità del volo.

Alla fine, furono trovate le dimensioni ottimali degli stabilizzatori: una misura di 200 mm per i missili da 82 mm e 300 mm per i missili da 132 mm.

- I primi test dimostrarono che, quando sparati da 500 metri (1.640 piedi), solo l'1,1% dei 186 RS-82 sparati colpì un singolo carro armato e il 3,7% colpì una colonna di carri armati.

- La precisione dell'RS-132 era ancora peggiore, con nessun colpo andato a segno in 134 tiri durante un test.

La precisione in combattimento peggiorava ulteriormente, poiché i razzi venivano in genere sparati da distanze ancora maggiori.

L'RS-82 poteva distruggere un carro armato con un colpo diretto e l'RS-132, più grande, poteva mettere fuori combattimento un carro armato anche non colpendolo direttamente, ma esplodendo nelle immediate vicinanze.

I risultati migliori si ottenevano, solitamente, sparando contro grandi bersagli a terra.

Quasi tutti gli aerei militari sovietici della seconda guerra mondiale erano noti per trasportare RS-82 e RS-132, spesso utilizzando lanciatori realizzati sul campo.

Un totale di 12 milioni di missili del tipo RS furono utilizzati dalle forze sovietiche durante la seconda guerra mondiale.

Caratteristiche tecniche RS-82

- Lunghezza: 600 mm (24 pollici)
- Peso: 6,8 kg (15 libbre)
- Peso esplosivo: 0,45 kg (0,99 libbre)
- Raggio di frammentazione: 7 metri (23 piedi)
- Velocità massima: 340 m/s (1.115 piedi/s)

Caratteristiche tecniche RS-132

- Lunghezza: 845 mm (33 pollici)
- Peso: 23 kg (50 libbre)
- Peso esplosivo: 0,9 kg (2 libbre)
- Raggio di frammentazione: 10 metri (33 piedi)
- Velocità massima: 350 m/s (1.150 piedi/s)

Lavochkin La-5

Il Lavochkin La-5 fu un caccia monomotore ad ala bassa progettato dall'OKB 301 diretto da Semën Alekseevič Lavočkin e sviluppato in Unione Sovietica nei primi anni quaranta.

Inizialmente indicato come Lavochkin Gorbunov LaG-5, fu uno sviluppo migliorativo, essenzialmente basato sulla rimotorizzazione, del precedente LaGG-3.

- Venne impiegato principalmente dalla VVS nelle fasi finali della seconda guerra mondiale, divenendo uno dei caccia più utilizzati e rimanendo operativo fino ai primi anni cinquanta.

Dopo aver progettato il LaGG-3, i progettisti si divisero.

Ben presto divenne ovvio che l'unica cura per le carenze del LaGG-3 era un motore nuovo e più potente: la migliore alternativa era il radiale M-82.

- Lavochkin riuscì a modificare il LaGG-3 per accettare questo motore, nonostante la mancanza di supporto ufficiale e il La-5 entrò in servizio nel 1942.

La conversione del prototipo volò per la prima volta nel marzo 1942 con un motore radiale M-82, 14 cilindri a doppia stella raffreddato ad aria, valutato a 1.700 hp per il decollo e il La-5 fu autorizzato per i test di servizio nel settembre successivo con un armamento di due cannoni da 20 mm.

Con il completamento della conversione delle cellule LaGG-3 esistenti, furono introdotte piccole modifiche nei nuovi velivoli di produzione, la principale delle quali fu il taglio del ponte di poppa della fusoliera e l'introduzione di una calotta con visione a 360°.

Grazie alla sua potenza notevolmente superiore rispetto all'M-105P, il caccia LaG-5 acquisì le qualità che tanto gli mancavano: la sua velocità e la sua velocità di salita aumentarono notevolmente e la sua manovrabilità verticale migliorò.

- Oltre all'aumento dell'affidabilità, l'obiettivo più importante per il miglioramento del La-5 er la riduzione del peso.

La sostituzione dell'avviamento elettrico del motore con uno ad aria compressa comportò un risparmio di 20 kg, un miglioramento della qualità dell'incollaggio di altri 20 kg, l'eliminazione del peso nella coda di 15 kg, mentre la "pulizia" delle tubazioni e dei cavi di controllo.portò a un'ulteriore riduzione dei pesi

- Di conseguenza, il peso al decollo fu ridotto da 3.370 kg per il prototipo a 3.200 kg per la versione di produzione.

Verso la fine del 1942, divenne disponibile il motore M-82F migliorato, che erogava 1.650 hp a 1.650 metri: gli aerei dotati di questo motore vennero denominati La-5F e, dall'inizio del 1943, i serbatoi del carburante furono rivisti.
Da fine marzo 1943, il motore M-82FN a iniezione di carburante, che offriva 1.850 hp al decollo, sostituì l'M-82F dotato di carburatore e con questo propulsore il caccia divenne il La-5FN.
Quando il La-5 fu ritirato dalla produzione verso la fine del 1944, erano stati costruiti in totale 9.920 aerei di questo tipo, inclusi gli addestratori biposto La-5UTI.

- Nella sua versione sviluppata La-5FN era superiore ai caccia tedeschi a bassa e media quota.

Con l'arrivo del La-5, e in seguito del La-7, alle unità di prima linea, l'era del dominio del Bf-109 sul fronte orientale era finita: ora e fino alla fine della guerra il "109" era surclassato, più lento e più vulnerabile del Lavochkin con motore raffreddato ad aria.

Lavochkin La-5.

- Il FW-190, e le sue ultime modifiche, come il Ta-152, avevano un vantaggio in termini di velocità sopra i 4.000 metri, dove, tuttavia, difficilmente poteva trovare impiego sul fronte orientale.

In effetti, la maggior parte dell'attività aerea lì si svolgeva ben al di sotto dei 5.000 metri, spesso quasi vicino al suolo, e la velocità record di quei caccia poteva essere mantenuta solo per un tempo molto limitato.

A basse altitudini non era una grande minaccia per i caccia sovietici più agili (basta controllare il carico alare per il La-5 e il La-7).

I suoi svantaggi includevano un equipaggiamento della cabina di pilotaggio troppo semplici, ma assolutamente sufficiente per un caccia a elica diurno, un raggio d'azione troppo breve, un carrello d'atterraggio che induceva rimbalzi e, nelle fasi iniziali, una qualità di produzione molto scarsa.

Storia

Dopo che il LaGG-3, primo modello di caccia avviato alla produzione in serie disegnato dal proprio ufficio di progettazione (OKB), era entrato in servizio rivelando diverse carenze e risultando non adeguato alle esigenze di prima linea, pesante ai comandi (per quanto migliore dell'originario LaGG-1, effettivamente nemmeno entrato in produzione) e lento in salita, Lavochkin stava perdendo credibilità nei confronti di Stalin.

Come raccontò anni più tardi il suo più stretto collaboratore Semën Mihajlovič Alekseev, i vertici del partito avevano deciso di favorire i progetti di Aleksandr Sergeevič Jakovlev che era riuscito con il suo OKB a fornire ai reparti da caccia della VVS l'efficiente Yakovlev Yak-7.

La necessità di fronteggiare i velivoli della Luftwaffe con un adeguato numero di caccia consigliarono Stalin di aumentare la produzione avviando una nuova linea nello Stabilimento N.21 di Nižnij Novgorod, fino ad allora utilizzato per costruire i LaGG-3 oltre che sede dell'OKB 301 diretto da Lavočkin, mettendo in discussione la futura esistenza dell'Ufficio di progettazione.

Si rivelava necessario avviare lo sviluppo di un'evoluzione che prevedesse l'utilizzo di un'unità motrice di maggior potenza, tentativo già avviato all'inizio del 1941 con il nuovo motore M-107 che, tuttavia, non aveva avuto seguito, in ragione dei ritardi nello sviluppo della nuova unità ancora troppo acerba per la produzione in serie.

La soluzione alternativa consisteva nell'adottare un'altra unità motrice di maggior potenza, ma la disponibilità era da ricercarsi tramite un propulsore dalla diversa architettura (il motore radiale) come già sperimentato nel caso del MiG-3 e dello stesso Yak-7.

Lavočkin, tuttavia, non era, almeno inizialmente, convinto che la soluzione al problema fosse adottare un motore di questo tipo, in quanto quelli allora disponibili mal si adattavano alle caratteristiche della fusoliera dei suoi modelli, avendo un diametro che eccedeva sensibilmente dagli ingombri massimi del motore V12 fino ad allora adottato.

- Inoltre, la sensibile differenza di peso tra le due unità avrebbe compromesso l'equilibrio generale del modello spostandone pericolosamente il centro di gravità.

Nel frattempo, Mihail Ivanovič Gudkov, che aveva collaborato alla realizzazione dei LaGG-1 e LaGG-3, aveva realizzato di propria iniziativa il Gudkov Gu-82, soluzione che abbinava una cellula del LaGG-3 al nuovo radiale 14 cilindri doppia stella M-82, in seguito ridesignato ASh-82.

Portato in volo per la prima volta l'11 settembre 1941 fu in grado di esprimere promettenti risultati, tuttavia, la produzione non venne mai avviata per una serie di problemi essenzialmente logistici, tra cui ritardi nelle autorizzazioni che, secondo alcuni studiosi dell'aviazione sovietica, erano da imputare anche a scelte politiche nella gerarchia militare.

- In quelle circostanze, secondo tali fonti, ci fu chi preferì ridare fiducia al gruppo di Lavočkin evitando che cadesse in disgrazia agli occhi di Stalin.

In ogni caso, nei primi mesi del 1942 il prototipo del nuovo LaGG-3 M-82 fu definitivamente assemblato e portato in volo, dimostrando di possedere prestazioni lungamente superiori rispetto al predecessore, superandolo tra l'altro in velocità massima di ben 40 km/h fino a risultare più veloce di qualsiasi velivolo fino ad allora in servizio con la VVS, giustificando così l'avvio immediato alla produzione in serie e lasciando anche intravvedere ulteriori margini di miglioramento.

Questa prima versione "essenziale", essendo poco più di una conversione dal LaGG-3, è identificata anche come LaGG-5 o, data la mancanza di Gudkov nel gruppo di progettazione, più correttamente LaG-5.

Lavochkin La-5.

La produzione venne decentralizzata negli stabilimenti localizzati a Mosca e nell'Oblast di Jaroslavl: l'esito di queste prove indusse, quindi, il Comitato Statale per la Difesa a mantenere in produzione nello Stabilimento N.21 il nuovo velivolo di Lavochkin, anziché, convertirlo alla produzione dello Yak-7.

I primi riscontri dell'impiego operativo del LaG-5 rivelarono, comunque, la presenza di alcune criticità nel velivolo: per riuscire a ottenere un ulteriore incremento delle prestazioni, soprattutto in termini velocistici e di maneggevolezza, furono condotte una serie di prove presso gli istituti TsAGI e TsIAM , "Istituto Centrale per lo Sviluppo dei Motori per l'Aviazione".

- Questi ricevettero quattro esemplari di serie del La-5 sui quali vennero successivamente apportate modifiche aerodinamiche, tra le quali, la modifica alla parte superiore della fusoliera che permise di utilizzare una nuova cappottina a goccia, totalmente trasparente che, unitamente all'utilizzo di una nuova versione del motore M-82F (la sigla F stava a indicare "potenziato"), diedero vita alla versione La-5F.

Altre fonti indicano che queste modifiche portarono il velivolo ad assumere per la prima volta la definitiva denominazione di La-5.

Il successivo sviluppo ebbe origine nella primavera del 1943 quando, accoppiando una cellula ulteriormente affinata dal punto di vista aerodinamico e modificata strutturalmente con l'impiego di diverse parti metalliche a un motore M-82FN (dotato di sistema di alimentazione a iniezione meccanica), vide la luce la versione La-5FN, che rimase in produzione oltre la fine della guerra, unitamente al più moderno La-7.

Alcuni sviluppi del La-5 non ebbero seguito in termini produttivi: venne sperimentato l'impiego di un motore M-82 dotato di turbocompressore Treskin TK-3, montato su tre cellule della versione La-5F: questa modifica, intesa a migliorare le prestazioni del propulsore alle quote più elevate, evidenziò problemi dovuti all'incremento del peso che ne limitavano la resa.

Sempre nel corso del 1943 venne lungamente sperimentata l'installazione sul La-5 del motore Shevtsov M-71, che avrebbe dovuto sviluppare la potenza di 2.200 hp, rispetto ai 1.850 dell'M-82FN, ma l'insufficiente disponibilità di tali propulsori consigliò di non intraprendere modifiche alle linee di montaggio del La-5FN avviata di recente.

Al contrario delle precedenti trovò, invece, ampio utilizzo la versione da addestramento definita La-5UTI, dotata di un secondo posto di pilotaggio, destinato all'istruttore, che montava un armamento ridotto a un solo cannone e mancava di alcune dotazioni di bordo, quali lo schienale corazzato, la radio e l'impianto per l'ossigeno, al fine di compensare l'incremento del peso subito.

- Prodotto in oltre 10.000 unità, il La-5 valse al suo progettista il Premio Stalin.

Impiego

Nelle diverse versioni il La-5 venne utilizzato prevalentemente dalla VVS: l'unica forza armata straniera a impiegare il monomotore di Lavochkin fu la neo-ricostituita aviazione cecoslovacca.

Anche la Polonia valutò, nel 1944, la possibilità di introdurre il La-5 nei propri reparti e diversi piloti ricevettero l'opportuno addestramento da parte dei sovietici tra il luglio del 1944 e il marzo del 1945.

- La decisione finale vide tuttavia l'aviazione polacca optare per l'impiego di aerei da caccia prodotti dalla Yakovlev.

Il La-5, per le proprie caratteristiche, era un velivolo da usare prevalentemente alle quote medio basse; in particolare, al di sotto dei 4.500 metri, le prestazioni del La-5 risultavano generalmente migliori rispetto a quelle del Messerschmitt Bf 109 e del Focke-Wulf Fw 190A.

I primi esemplari di LaG-5 furono consegnati nella primavera del 1942 ai reparti impegnati sul fronte finlandese: si trattava di macchine destinate principalmente a una prima valutazione operativa del modello.

I piloti, che fino ad allora avevano utilizzato gli I-16, i MiG-3 e i LaGG-3, non ebbero particolari difficoltà nell'abituarsi al nuovo velivolo, mentre particolare apprezzamento venne da parte dei reparti che curavano la manutenzione dei velivoli: la maggior semplicità del motore raffreddato ad aria e la capacità del velivolo di assorbire i colpi degli avversari vennero considerati una qualità considerevole, al fine di mantenere costantemente operative le macchine nel rigido clima finlandese e su un fronte vasto e difficile da rifornire con pezzi di ricambio e materiali di consumo.

I successi ottenuti ai danni dei velivoli finlandesi, che schieravano i Fokker D.XXI, i Morane-Saulnier MS.406 e i Brewster F2A Buffalo, fecero in modo che i La-5 sostituissero tutti i restanti velivoli sovietici sul fronte settentrionale, eccezion fatta per gli Yakovlev Yak-1.

- Il primo impiego su vasta scala del La-5 si ebbe nell'inverno del 1942 nel corso della battaglia di Stalingrado, seguiti dopo poco dai velivoli della serie La-5F.

L'anno successivo, in occasione della battaglia di Kursk, giunsero ai reparti gli aerei della versione La-5FN.

I compiti cui vennero destinati i La-5 furono diversi e andarono dalla scorta dei bombardieri alle missioni di attacco al suolo nelle quali non di rado, armati di bombe e razzi a carica cava, i Lavochkin affiancarono gli Ilyushin Il-2 Šturmovik fornendo loro, in un secondo tempo, la copertura contro eventuali attacchi nemici.

- Tra i piloti che vantano i maggiori successi con il La-5 vi furono vari assi dell'aviazione, tra cui Ivan Nikitovič Kožev dub e Aleksandr Ivanovič Pokryškin, per tre volte insigniti del titolo di Eroe dell'Unione Sovietica, e Kirill Alekseevič Evstigneev che ottenne 52 abbattimenti ai comandi dei caccia di Lavochkin.

La rinata aviazione cecoslovacca, che operava sotto il comando sovietico, ricevette i Lavochin La-5FN che furono assegnati alla 1a Divisione Aerea Mista, formata in Unione Sovietica il 1° giugno 1944: di questo reparto facevano parte anche 20 piloti in precedenza membri degli Squadron cecoslovacchi della Royal Air Force (n°310, 312, 313), tra cui anche il colonnello František Fajtl.

La 1a Divisione Aerea Mista poté fare "ritorno" a Praga il 15 maggio del 1945 e successivamente le unità equipaggiate con Lavochkin vennero schierate in Slovacchia.

Nel dopoguerra, i velivoli vennero fermati a terra in quanto considerati soggetti a severo deterioramento in caso di prolungata permanenza al di fuori degli hangar: un'indagine delle autorità cecoslovacche fugò, tuttavia, ogni dubbio e i Lavochkin furono nuovamente riportati in servizio operativo.

Tecnica

La-5 era un aereo monomotore in legno ad ala bassa: come nel caso del LaGG-3, il materiale strutturale principale della cellula era il pino, mentre per realizzare i longheroni delle ali e alcune ordinate è stato utilizzato il legno Delta.

Le parti in legno dell'aereo erano incollate insieme utilizzando la colla resinosa VIAM-B-3 o la colla ureica KM-1.

- L'ala, assemblata con profili NACA-23016 e NACA-23010, era tecnologicamente divisa in una sezione centrale e due console a due longheroni con rivestimento di lavoro in compensato.

Le ali erano completamente di legno, con le sole superfici di controllo realizzate in metallo e rivestite in tela: in particolare, oltre agli alettoni disposti nella zona esterna delle semiali, erano presenti ipersostentatori nel bordo d'entrata alare.

Gli impennaggi erano di tipo classico, con gli equilibratori disposti alla base della deriva.

Tra i longheroni della sezione centrale erano incollati cassoni di compensato per i serbatoi del carburante, mentre nella sezione anteriore erano presenti le cupole per le ruote del carrello di atterraggio.

- I longheroni erano in legno con ripiani in legno delta: sui caccia La-5FN tipo 41 dello stabilimento n. 21, a partire dal 1944, vennero installati longheroni metallici.

I flap tipo Schrenk e gli alettoni tipo Frize con telaio in duralluminio, ricoperti di percalle, erano fissati alle console con un rivestimento in compensato.

- C'era un trim sull'alettone sinistro.

Il trim funge da regolatore delle superfici di controllo.

La sua posizione a bordo di un velivolo non è fissa, ma può variare a seconda del modello di riferimento: ad esempio, il trim di un aereo può essere fissato all'equilibratore, agli alettoni o al timone di direzione.

Questo strumento determina, infatti, il mantenimento dell'aereo nella direzione e nell'assetto corretto durante il volo.

Il termine "trim" corrisponde ai correttori, delle piccole ali mobili situate solitamente sull'equilibratore e, più di rado, sul timone dei velivoli.

- In linea generale, si può dire che si trova sulle superfici che hanno la funzione di far scendere o innalzare l'aereo.

Per far sì che tali movimenti avvengano, i piloti devono spingere in avanti la cloche, per far scendere il velivolo, o tirarla verso di sé per prendere quota. I Trim, in questo caso, vengono in aiuto al pilota, che non dovrà continuamente far leva sulla cloche per vincere le forze aerodinamiche che agiscono sul velivolo.

- Di conseguenza, la funzione del trim dell'aereo è quella di alleggerire i comandi, fino a stabilizzarli.

Questo perché lo strumento annulla la forza che il pilota fa sull'equilibratore, così da poter lasciare la cloche, che rimarrà nella posizione desiderata.

La fusoliera era costituita da una capriata anteriore metallica e da una monoscocca in legno, realizzate in un unico pezzo con la chiglia.

La sua struttura era composta da quattro longheroni e 15 telai.

La fusoliera era saldamente fissata alla sezione centrale tramite quattro giunti in acciaio.

- La cabina di pilotaggio era chiusa da una capottina scorrevole, che si bloccava nelle posizioni aperta e chiusa: il telaio dietro la schiena del pilota era dotato di una corazza spessa 8,5 mm.

Dal punto di vista esteriore altri due elementi caratterizzarono i La-5 (così come i successivi La-7): le due paratie mobili disposte lungo i lati della fusoliera che consentivano di modulare lo smaltimento di calore da parte del propulsore e il posizionamento della presa dinamica per il radiatore dell'olio che, variando a seconda della versione del motore, consentiva di individuare, con un rapido colpo d'occhio, anche la versione del velivolo.

- La coda orizzontale era a sbalzo, lo stabilizzatore a due longheroni, interamente in legno, con rivestimento in compensato.

Lo stabilizzatore era costituito da due metà, fissate agli elementi di potenza della sezione di coda della fusoliera, mentre l'elevatore con trimmer aveva un telaio in duralluminio rivestito in tessuto ed era anch'esso costituito da due metà.

- Il carrello era retrattile, a doppio supporto, con ruotino di coda.

I supporti principali erano dotati di ammortizzatori oleopneumatici. Le ruote principali, da 650x200 mm, erano dotate di freni a camera d'aria. Il supporto di coda orientabile liberamente era retratto nella fusoliera ed era dotato di una ruota da 300x125 mm.

- L'aereo aveva un controllo misto: gli alettoni erano controllati da barre rigide, mentre l'elevatore e il timone erano controllati da cavi.

Lo sgancio e la retrazione dei flap avvenivano tramite un azionamento idraulico.

L'impianto di propulsione era costituito da un motore radiale M-82 raffreddato ad aria e da un'elica a tre pale a passo variabile VISh-105V con un diametro di 3,1 metri.

La temperatura del motore era regolata tramite alette anteriori posizionate nell'anello anteriore del cofano e due alette sui lati del cofano, dietro il motore.

Il radiatore dell'olio era a nido d'apeed era posizionato sotto il motore, nel tunnel della copertura inferiore del cofano: all'uscita, il tunnel era dotato di una valvola regolabile.

- Il motore era avviato con aria compressa.

Il serbatoio dell'olio, da 59 litri, era situato nella fusoliera, nel punto di giunzione tra la parte in legno e la capriata metallica.

La capacità del carburante di 539 litri era stata suddivisa in tre serbatoi centrali e due serbatoi nella console.

- L'armamento era costituito da due cannoni sincronizzati ShVAK SP-20, calibro 20 mm, con munizioni totali per 340 colpi, con ricarica pneumatica e meccanica e un collimatore PBP-la.

- In alcuni casi viene indicata la possibilità di installare un terzo cannone.

- Secondo alcuni gli ultimi esemplari realizzati furono equipaggiati con armi calibro 23 mm, come successivamente sarebbe avvenuto per il La-7.

Tra i carichi offensivi per l'impiego in missioni d'attacco al suolo le diverse fonti reperite riportano la possibilità di trasportare bombe ma indicano valori fra loro diversi, indicati di volta in volta in 100 kg, 150 kg oppure 200 kg.

Nella versione La-5NF apposite rastrelliere subalari consentivano di trasportare, in alternativa alle bombe, quattro razzi da 82 mm.

Oltre al set standard di strumenti di volo, navigazione e controllo, l'equipaggiamento comprendeva una stazione radio a onde corte RSI-4, un dispositivo per l'ossigeno e una luce di atterraggio.

- Gli aerei La-5FN erano equipaggiati con dispositivi per l'ossigeno KPA-3bis o KP-12: la fornitura di ossigeno era sufficiente per un volo di 1,5 ore a un'altitudine di 8.000 metri.

L'impianto garantiva che la durata utile dell'M-82 prima della riparazione fosse di 100 ore, ma in realtà la durata utile era inferiore: a causa del cattivo adattamento delle coppie di pistoni e degli anelli, l'olio si accumulava nelle camere di combustione dei cilindri inferiori, il motore emetteva fumo e ricopriva di fuliggine l'intera fusoliera.

- Ma, se non tutto l'olio accumulato veniva espulso attraverso i tubi di scarico, si verificava un forte colpo nella fase di compressione e, di conseguenza, la biella si rompeva o la testata del cilindro si distruggeva.

Le candele VG-12 utilizzate sull'M-82 duravano 5 ore e, durante i periodi di combattimento intenso, un La-5 richiedeva 14 candele al giorno.
Il problema risiedeva nella sfortunata conformazione delle testate dei cilindri: le candele erano costantemente immerse nell'olio, il che le rendeva fuligginose, e il piombo della benzina si depositava sulla fuliggine.

- I primi La-5, come il LaGG-3, non avevano gli slat e avevano la tendenza a stallare sulle ali.

La risoluzione n. 1895ss del Comitato di difesa dello Stato del 7 giugno 1942 richiedeva l'introduzione della meccanizzazione del bordo d'attacco delle ali sui LaGG-3 e La-5 a partire dal 1° luglio, ma entro la fine dei primi dieci giorni di luglio ciò era stato fatto solo sul 7° LaGG-3 e sull'8° La-5.

- Solo ad agosto tutti gli aerei iniziarono a essere prodotti con gli slat.

Nell'estate del 1942 vennero eseguiti dei lavori sul La-5 per migliorare la tenuta dei portelli e delle porte del telaio.

Il 24 luglio, l'NKAP e l'Aeronautica Militare avevano hanno emanato l'ordine n. 559a/s/032 sull'uso di blindature sui caccia.

Inizialmente, sul La-5 venne installato un vetro corazzato e venne introdotta una protezione per il serbatoio del carburante.

Inoltre, lo stesso documento definiva l'uso di una griglia di mira illuminata in rosso sui caccia La-5 e di un grilletto elettropneumatico a pulsante per i cannoni come quello del Me-109, al posto dei tradizionali grilletti meccanici.

Con ordinanza del Commissariato del Popolo per l'Industria Aeronautica n. 605 dell'8 agosto, a partire dal 10 agosto ogni La-5 doveva essere dotato di un ricevitore radio RSI-4 e di un trasmettitore, nonché di una bussola radio RPK-10.

- Sebbene non fosse possibile rispettare la scadenza stabilita (2 giorni), le cose andarono, comunque, avanti e i caccia sovietici iniziarono a ricevere apparecchiature di radionavigazione e comunicazione.

Verso la fine del 1942 Gorky iniziò a produrre il La-5 con una sezione anteriore notevolmente modificata: la doppia parete scomparve definitivamente, la fusoliera divenne più leggera e l'intensità della manodopera fu ridotta. Su raccomandazione della TsAGI, nel frattempo, era stato installato uno scarico sul telaio posteriore della parte scorrevole della calotta, appianando il dislivello tra la cabina e la carenatura.

- Anche la cinematica del supporto della coda venne modificata: ora la ruota era tirata più in alto e i flap non sporgevano oltre il contorno della sezione di coda.

Nel dicembre 1942 iniziò la produzione del La-5 nello stabilimento n. 31 di Tbilisi, dove continuò anche la produzione del LaGG-3. Entro la fine dell'anno, questo stabilimento aveva costruito 22 nuovi caccia e ne aveva consegnati altri 5 all'inizio dell'anno successivo.

Tuttavia, il piano del 1943 per questa impresa prevedeva un incremento della produzione di LaG-5 di 1,5 volte, migliorandone al contempo le caratteristiche prestazionali.

I primi reggimenti di aviazione armati di questo caccia apparvero al fronte nell'autunno del 1942, nei pressi di Stalingrado.

Il La-5 ottenne rapidamente riconoscimenti.

Ai piloti piacevano non solo le sue elevate prestazioni e il potente armamento, due cannoni ShVAK, ma anche il motore raffreddato ad aria, che aveva una maggiore durata rispetto a un motore raffreddato a liquido e allo stesso tempo proteggeva dal fuoco nemico proveniente dalla parte anteriore.

Cockpit

1. Orologio
2. Indicatore di velocità relativa
3. Contagiri
4. Indicatore livello carburante
5. Altimetro
6. Bussola magnetica
7. Collettore manometro
8. Pressione carburante (sinistra), temperatura dell'olio (centro), pressione dell'olio (destra)
9. Bussola repeater
10. Indicatore di virata
11. Variometro
12. Indicatore temperatura motore
13. Livello gear

14. Posizione magneti del motore
15. Indicatore di posizione carrello d'atterraggio: verde: giù - nessuna luce: in transizione - rosso: su
16. Spia di stato ordigni esterno
17. Leva dei flaps
18. Miscela motore: posizione posteriore: miscela più magra - posizione anteriore: miscela più ricca
19. Manopola del gas
20. Leva passo elica
21. Leva sovralimentazione: posizione posteriore: fase 1 - posizione anteriore: fase 2

Versioni

- **LaG-5**

Denominato anche La-5, costituisce la prima versione di serie, sostanzialmente un adattamento della struttura del precedente LaGG-3 al motore M-82.

- **La-5F**

Motorizzata con una versione migliorata del motore M-82, introduceva modifiche alle ali e alla fusoliera. Queste ultime consentivano al pilota di spaziare con la visuale a 360°.

- **La-5F TK-3**

Tre prototipi realizzati impiegando velivoli della precedente serie, sui quali venne installata una versione turbocompressa del motore M-82. Valutati per l'impiego ad alta quota, non portarono a produzione di serie in ragione dell'incremento del peso che annullava, di fatto, i vantaggi ottenuti dalla sovralimentazione del motore.

- **La-5 M-71**

Si trattò di un singolo prototipo, equipaggiato con un motore Shvetsov M-71, motore radiale a 18 cilindri, derivato dallo Shvetsov M-25, a sua volta versione prodotta su licenza dello statunitense Wright R-1820.
Il velivolo, pur potenzialmente promettente, non ebbe seguito in ragione della scarsa disponibilità del propulsore e della

riluttanza a procedere alla revisione delle linee di montaggio di recente organizzate per la produzione della versione La-5F.

- **La-5FN**

Versione sostanzialmente rivista nella struttura che, da interamente lignea, diventava mista, con l'introduzione di longheroni metallici nella fusoliera.
Equipaggiata con la versione ad iniezione del motore M-82, traeva giovamento dal sensibile incremento della potenza esprimendo prestazioni ragguardevoli che ne fecero uno dei velivoli più temuti dal nemico.

- **S-95**

Fu la definizione assegnata dai reparti aerei cecoslovacchi ai La-5FN impiegati a partire dalle fasi finali della seconda guerra mondiale.

- **La-5UTI**

Versione biposto, destinata all'addestramento.
Privata del cannone di destra, del vetro blindato nel tettuccio, dello schienale corazzato, dell'apparato radio, dell'impianto dell'ossigeno, del sistema per i gas inerti nel serbatoio e delle rastrelliere per le bombe.
Venne prodotto in serie limitata poiché, nel ruolo di addestratore, gli fu preferito lo Yakovlev Yak-7V.

Motore Shvetsov M-82

Lo Shvetsov ASH-82, citato anche come M-82, era un motore aeronautico radiale 14 cilindri doppia stella raffreddato ad aria, progettato dall'OKB 19 diretto da Arkadij Dmitrievič Švecov e sviluppato in Unione Sovietica tra la fine degli anni trenta e l'inizio degli anni quaranta.

- Temperatura minima ammissibile dei cilindri per il funzionamento: 120°C.
- Temperatura massima ammissibile dei cilindri: 250°C.
- Massima ammissibile in crociera: 225°C.
- Temperatura normale dei cilindri in crociera: da 160 a 180°C

Arkadiy Shvetsov sviluppò il progetto dell'ASH-82 partendo dal Wright Cyclone, riducendone, però, le dimensioni e il peso.

Sviluppato dallo Shvetsov M-62, a sua volta sviluppo dell'M-25 a singola stella, una versione prodotta su licenza dello statunitense Wright R-1820 Cyclone, venne fornito ad alcuni modelli di caccia di produzione sovietica in servizio durante la seconda guerra mondiale.

In termini di caratteristiche, l'M-82 era superiore ai migliori esempi di motori stranieri.

- Ad esempio, il motore BMW-801 entrò in produzione solo nel 1942 e aveva meno potenza e più peso dell'M-82.

Ne furono prodotte più di 70.000 unità.

Versioni

- **ASh-82-111 (M-82-111)**

Primo ASh-82 prodotto in serie, dotato di alimentazione a carburatori e sovralimentazione con un compressore a singolo stadio e due velocità. Potenza:

- 1.570 hp (1.170 kW) a 2.400 giri/min al decollo.
- 1.540 hp (1.148 kW) a 2.400 giri/min a 2.000 metri (6.600 piedi).
- 1.330 hp (992 kW) a 2.400 giri/min a 5.500 metri (18.000 piedi).
- 820 hp (612 kW) a 2.400 giri/min a 8.500 metri (27.900 piedi).

Questa versione soffriva di problemi di lubrificazione e di formazione di ghiaccio nel carburatore in condizioni di freddo estremo.

- **ASh-82-112 (M-82-112)**

Sviluppo dell'M-82-111 caratterizzato da un maggiore intervallo di manutenzione programmata e maggiore affidabilità.
Vennero ridisegnati i carburatori, l'impianto di lubrificazione, gli ingranaggi della demoltiplica interposta tra l'albero e il mozzo dell'elica, il turbocompressore e il sistema di distribuzione OHV.
La nuova versione riuscì a migliorare le caratteristiche generali del motore nel duro inverno russo.

- **ASh-82F (M-82F)**

Sostanzialmente identico al precedente ASh-82, tranne per un intervallo di manutenzione programmata ulteriormente allungato, oltre al miglioramento dell'impianto di lubrificazione, che ne consentiva il funzionamento costante alla potenza massima, con carburatori:

- 1.650 hp (1.230 kW) a 2.400 giri/min al decollo.
- 1.430 hp (1.067 kW) a 2.400 giri/min a 5.000 metri (16.000 piedi).
- 800 CV (597 kW) a 2.400 giri/min a 10.000 metri (33.000 piedi).

Pertanto, fino a un'altitudine di 1.500-1.600 metri, il motore aveva oltre 200 hp in più in condizioni di combattimento.

- **ASh-82FN (M-82FN)**

ASH-82F a iniezione diretta, con la potenza aumentata a 1.850 hp al decollo. con un aumento di soli 30 kg del peso del motore.

- 1.850 hp (1.380 kW) a 2.500 giri/min al decollo.
- 1.650 hp (1.230 kW) a 2.400 giri/min a 1.650 metri (5.410 piedii).
- 1.450 hp (1.082 kW) a 2.400 giri/min a 4.650 metri (15.260 piedi).
- 810 CV (604 kW) a 2.400 giri/min a 10.500 metri (34.400 piedi).

Aumento di soli 30 kg del peso del motore.

- **ASH-82FNU (M-82FNU)**

M-82FN migliorato con maggiore pressione di sovralimentazione e giri al minuto: la potenza è aumentata a 1.850 hp. Dopo tutti questi miglioramenti, l'ASH-82FN e l'ASH-82FNU risultarono due dei motori più robusti della guerra.

Lavochkin La-7

Il Lavochkin La-7 era un caccia monomotore ad ala bassa progettato dall'OKB 301 diretto da Semën Alekseevič Lavočkin e sviluppato in Unione Sovietica negli anni quaranta.

Sviluppo finale dell'originario LaGG-1, venne impiegato principalmente dalla VVS nelle fasi finali della seconda guerra mondiale rimanendo operativo fino agli anni cinquanta.

Prodotto in oltre 6.000 esemplari, alla fine del 1943 il La-7 era ritenuto probabilmente il miglior caccia da duelli aerei in servizio al mondo, selezionato dalla maggior parte dei più grandi assi della VVS.

Un piccolo lotto di La-7 fu ceduto alla Forza Aerea Cecoslovacca, ma non fu, altrimenti, esportato.

- Il La-7 era considerato dai piloti al livello dei migliori caccia tedeschi e abbatté anche un Messerschmitt Me 262.

Fu radiato dall'aeronautica Sovietica nel 1947, ma restò in servizio in Cecoslovacchia fino al 1950.

- Frutto di un'intensa ricerca da parte del TsAGI sul Lavochkin La-5, il La-7 apparve all'inizio del 1944.

La sua struttura leggera includeva longheroni alari in metallo, un terzo cannone da 20 mm e miglioramenti aerodinamici che aumentarono la velocità massima dell'aereo a 680 km/h, circa 30 km/h più veloce del suo predecessore La-5FN.

I piloti consideravano il La-7 almeno alla pari con tutti i caccia tedeschi con motore a pistoni.

Il primo esemplare del La-7 apparve alla fine del 1943 ed entrò in servizio con le unità all'inizio del 1944.

- Il La-7, alimentato da un motore M-82FNU o M-82FNV più potente, era armato con due o tre cannoni da 23 mm e sei razzi da 82 mm.

Esternamente differiva dal La-5 per la cabina modificata e il radiatore dell'olio riposizionato sotto la fusoliera, dietro il bordo d'uscita.

Lavochkin La-7.

Fu costruito in serie anche un modello da collegamento e da addestramento, il La-7UTI, nonché due caccia La-7R dotati di razzi a propellente liquido nella coda.

- Quest'ultima versione raggiungeva una velocità massima di oltre 800 km/h, a 3.500 metri.

Tuttavia, non venne costruito a causa degli attacchi alla struttura in legno causati dai vapori del carburante per razzi: inoltre, le sollecitazioni aggiuntive imposte alla cella ne limitavano il potenziale utilizzo in assenza di rinforzo.
Erano eccellenti aerei da caccia a bassa e media quota, veloci e ben armati, rustici ma perfettamente in grado di avere la meglio

sui più recenti caccia tedeschi, con le maggiori possibilità di vittoria alla loro quota di impiego.

I due più grandi assi russi della Seconda guerra mondiale, Ivan Kojedub (62 vittorie) e Alexandr Pokryshin (59 vittorie), lo diventarono ai comandi dei caccia Lavochkin, con i quali volarono per quasi tutta la loro carriera operativa.

Storia

Il caccia Lavochkin La-7 è un classico esempio di come la vita di un aereo possa essere prolungata modificando in modo intelligente le sue qualità aerodinamiche e installando motori sempre più potenti.

Ma, mentre questa evoluzione avviene solitamente a scapito delle capacità di pilotaggio originali dell'aereo, il La-7, al contrario, ne ha tratto vantaggio al punto da affermarsi come uno dei migliori caccia dell'Unione Sovietica durante la Seconda Guerra Mondiale.

- Il Lavochkin La-7 era fondamentalmente una versione perfezionata, dal punto di vista aerodinamico ed estetico, del Lavochkin La-5.

La massiccia presa d'aria superiore era stata rimossa e il radiatore dell'olio e il sovralimentatore erano alimentati da prese d'aria nelle radici delle ali e sotto la fusoliera.

Tuttavia, a causa del trasferimento del radiatore dell'olio sotto la fusoliera, le tubature dell'olio dovevano essere posate direttamente sotto i piedi del pilota, motivo per cui la temperatura normale nella cabina di pilotaggio era di +40° C in inverno, mentre in estate aumentava a +55°.

La modifica migliorativa più importante rispetto al La-5 fu, comunque, la realizzazione della struttura alare in lega d'alluminio, invece, che in legno: ormai nel 1943 non c'era più la terribile scarsità di materiali strategici degli anni precedenti e Lavockhin poté rivedere il suo progetto impiegando materiali migliori.

Infatti, la sostituzione dei longheroni alari in legno con quelli in duraluminio ridusse il peso di 100 kg.

- Il nuovo motore M.82FN erogava ora 1.850 hp.

Il La-7 venne collaudato per la prima volta in volo nella seconda
metà del 1943, mentre all'inizio dell'anno seguente iniziarono i
collaudi operativi.

- Nel luglio del 1944 il primo lotto di produzione fu
  assegnato al 176° Reggimento Caccia della VVS.

Ogni cilindro del motore fu dotato del proprio tubo di scarico, le
coperture della cappottatura del motore furono ridotte di
numero, fu aggiunto un rollbar alla cabina di pilotaggio, furono
montati ammortizzatori più lunghi per il carrello di atterraggio
principale mentre quello per la ruota di coda fu accorciato, fu
installato un mirino PB-1B(V) migliorato e fu montata una
nuova elica VISh-105V-4.

- Oltre alle eccellenti caratteristiche di volo, i test
  rivelarono anche una serie di carenze: spesso l'impianto
  idraulico si guastava e c'erano interruzioni nel
  funzionamento del motore.

Quest'ultimo difetto rimase il vero flagello del La-7 fino alla
fine della guerra: era collegato al trasferimento delle prese d'aria
dal cofano motore alle radici degli aerei alari, luoghi più
vulnerabili all'ingresso di polvere durante il decollo e
l'atterraggio, polvere e particelle di terra che portavano a guasti
al motore.

- Con il gelo, quando il La-7 fu sottoposto ai test di Stato,
  non c'era polvere negli aeroporti, quindi, non fu possibile
  identificare il difetto in tempo.

Un tentativo di sbarazzarsi del difetto fu l'installazione di filtri
sulle prese d'aria e la comparsa di prese d'aria aggiuntive sulla
superficie inferiore delle ali, davanti ai pozzetti per la pulizia
delle ruote del carrello di atterraggio principale.

- Il La-7 si rivelò non solo più veloce del Focke-Wulf Fw 190 di 70 km/h, ma poteva superare in cabrata e in virata sia il Fw 190, sia il Messerschmitt Bf 109.

Molti reggimenti furono entusiasti all'idea di sostituire i loro Yak raffreddati a liquido, con i La-7 dal motore radiale, raffreddato ad aria, che erano non solo superiori per qualità di volo, ma erano anche più adatti a sopportare gli estremi di temperatura dell'inverno e dell'estate russi.

- La sua velocità di 680 km/h, il maggiore raggio operativo e la superiore velocità di salita lo resero ben presto il mezzo preferito dai più grandi assi sovietici.

Il maggiore Sultan Amet-Khan, già asso degli Hawker Hurricane "russi", con un totale di 30 abbattimenti individuali e 19 in coppia, ottenne molte delle sue vittorie proprio sul La-7.
Anche l'asso dell'Unione Sovietica con il maggior numero di abbattimenti in quella che in Russia è conosciuta come "Grande Guerra Patriottica", Ivan Nikitovich Kozhedub, soprannominato "Ivan il Terribile", tre volte Eroe dell'Unione Sovietica, ottenne le sue ultime 17 vittorie nel 1945, proprio con un La-7.

- L'ultimo aereo da lui abbattuto fu un caccia tedesco a reazione, il Messerschmitt Me 262, Sergente Kurt Lange della 1ª Squadriglia, 54° Stormo, nel cielo di Francoforte sull'Oder, sempre a bordo di un La-7.

Il La-7 aveva un tempo di salita a 5.000 metri di circa 4 minuti, forse un po' meglio del precedente La-5.
Il modello aveva, nonostante un motore più potente, anche un armamento incrementato da un terzo cannone da 20 mm installato nel muso, sparante attraverso il disco dell'elica grazie al sincronizzatore, con una certa, inevitabile, perdita di cadenza di tiro.

Venne impiegato soprattutto come caccia di scorta, raramente come cacciabombardiere.

La produzione del La-7 continuò fino alla fine del 1945, furono costruiti in totale 6.158 veicoli:

- Lo stabilimento NKAP n. 21 a Gorky costruì 4.610 aerei.
- Lo stabilimento di Mosca n. 381 ne costruì 1.298.
- Lo stabilimento n. 99 a Ulan-Ude produsse 250 caccia.

Con questa macchina, equivalente allo Yak-9U, i piloti sovietici avevano un contendente contro i migliori caccia tedeschi e in ogni condizione.

L'armamento era costituito da due o tre cannoni automatici da 20 mm, dotati di un sincronizzatore idromeccanico che impediva ai proiettili di entrare nelle pale dell'elica.

- La maggior parte dei caccia La-7 era armata con due cannoni ShVAK da 20 mm con 200 colpi ciascuno.

Un numero relativamente piccolo di La-7 ricevette l'armamento standard originariamente previsto di tre cannoni B-20 con 170 colpi di munizioni ciascuno.

L'affidabilità del cannone B-20 era inferiore a quella richiesta, il che fu confermato dai test del La-7 a tre punti presso l'Air Force Research Institute dal 10 settembre al 10 ottobre 1945.

Dei tre velivoli, numeri di serie 45214414, 45214415, 45214416, che presero parte ai test, nessuno riuscì a raggiungere la cifra richiesta di 5.000 colpi sparati da un velivolo senza guasti ai proiettili:

- Sul primo caccia, questa cifra era di 3.275 proiettili.
- Sul secondo di 3.222.
- Sul terzo di 3.155.

Un tentativo di risolvere radicalmente i problemi di affidabilità dei cannoni B-20 fu l'installazione di un cannone NS-23 da 23 mm sul La-7: l'aereo con la nuova arma fu testato dal 20 al 31 luglio 1945, ma i risultati furono di nuovo deludenti: l'arma funzionava in modo inaffidabile.

Lavochkin La-7.

- I ripetuti test del caccia La-7 armato con cannoni NS-23, che si svolsero dal 2 al 10 ottobre 1945, ebbero più successo e il cannone NS-23, insieme al B-20, fu messo in servizio.

Diversi La-7 ricevettero armamenti di bordo di tre cannoni ShVAK con munizioni da 130 colpi ciascuno, ma questi velivoli si sono rivelati sovraccarichi, poiché il peso di un cannone ShVAK nella versione a motore era di 44,5 kg, mentre il peso del cannone B-20 era di soli 25 kg.

- La velocità iniziale del proiettile sparato dal cannone ShVAK è di 215 m/s con una velocità di fuoco di 800 colpi/min.

La produzione del primo aereo dotato di tre cannoni B-20 iniziò nel gennaio 1945, quando ne furono consegnati 74.

- Questi aerei erano 65 kg (143 libbre) più pesanti di quelli con i due cannoni ShVAK, ma la velocità di volo livellato era leggermente migliorata rispetto all'aereo originale.

Tuttavia, il tempo per salire a 5.000 metri (16.000 piedi) aumentò di due decimi di secondo rispetto al modello precedente.

Il kit di munizioni includeva proiettili incendiari perforanti del peso di 180 grammi, in grado di penetrare armature fino a 20 mm di spessore, e proiettili incendiari a frammentazione del peso di 180 grammi.

Su due nodi subalari era possibile sospendere bombe del peso fino a 100 kg ciascuna: le bombe ad alto esplosivo più frequentemente utilizzate erano le FAB-50 e FAB-100, nonché le incendiarie ZAB-50 e ZAB-100, rispettivamente di 0 kg e di 100 kg.

Impiego

Il 63rd Guards Fighter Aviation Regiment (GIAP) iniziò le prove di combattimento del La-7 a metà settembre 1944 a supporto del 1st Baltic Front. Per le prove, che durarono un mese, furono forniti trenta velivoli. Durante questo periodo i nuovi caccia effettuarono 462 sortite individuali e rivendicarono 55 vittorie aeree, perdendo quattro velivoli in combattimento.
Altri quattro La-7 furono persi per cause non legate al combattimento, per lo più legate a problemi al motore.
Un totale di tre piloti furono uccisi durante le prove per tutte le cause.
Il comandante del 63° reggimento GIAP, colonnello Yevgeny Gorbatyuk, un eroe dell'Unione Sovietica, commentò:

"Il La-7 ha mostrato indiscutibili vantaggi rispetto agli aerei tedeschi in molteplici combattimenti aerei. Oltre ai compiti di caccia, sono stati intrapresi con successo ricognizioni fotografiche e bombardamenti. L'aereo supera il La-5FN in velocità, manovrabilità e, soprattutto, nelle caratteristiche di atterraggio. Richiede cambiamenti nel suo armamento e una riparazione urgente del suo motore".

Il doppio armamento ShVAK ereditato dal La-5 non era più abbastanza potente da abbattere i successivi caccia tedeschi più pesantemente corazzati, in particolare il Focke-Wulf Fw 190 , in una singola raffica, anche quando i piloti sovietici aprirono il fuoco a distanze di soli 50-100 metri (160-330 piedi) .
Il 156th Fighter Aviation Regiment della 4th Air Army fu l'unità successiva a ricevere il La-7 nell'ottobre 1944.
A un certo punto durante il mese, avevano quattordici aerei contemporaneamente inutilizzabili a causa di guasti al motore.

- Il 1° gennaio 1945 c'erano 398 La-7 in servizio in prima linea, di cui 107 erano inutilizzabili.
- Entro il 9 maggio 1945, questo numero era aumentato a 967 aerei, di cui solo 169 erano inutilizzabili.

Per l'invasione della Manciuria giapponese, furono assegnati 313 La-7 e solo 28 di questi erano inutilizzabili il 9 agosto 1945. Il La-7 fu pilotato dal massimo asso sovietico della guerra, Ivan Nikitovich Kozhedub, e fu da lui utilizzato con successo per abbattere un caccia a reazione Me 262 , uno dei pochi abbattimenti di questo tipo della guerra.

Kozhedub, tre volte Eroe dell'Unione Sovietica, ottenne le sue ultime 17 vittorie aeree nel 1945 sul La-7 numero 27, che è ora conservato nel Museo centrale dell'aeronautica militare a Monino, alla periferia di Mosca.

Un reggimento di caccia della 1a Divisione Aviazione Composita Cecoslovacca fu in seguito equipaggiato con il La-7 dopo aver partecipato alla Rivolta Nazionale Slovacca dell'agosto-ottobre 1944 con il La-5FN.

- Furono consegnati in totale 56 velivoli che equipaggiarono il 1° e il 2° Reggimento di Caccia.

La maggior parte degli aerei, tuttavia, fu consegnata nel 1945, e non vide alcun combattimento durante la guerra, rimanendo in servizio con i Cecoslovacchi fino al 1950 e fu designato nel dopoguerra da loro come S-97.

Uno di questi aerei sopravvive nel Museo dell'Aviazione di Praga.

- Nonostante i resoconti contrari, nessun La-7 fu mai venduto o trasferito alla Repubblica Popolare Cinese o alla Corea del Nord.

Tali resoconti derivarono dall'identificazione errata da parte dei piloti occidentali dei La-9 o La-11 che erano stati dati a quei paesi.

Il collaudatore britannico Eric Brown ebbe la possibilità di pilotare un La-7 presso l'ex stazione di collaudo aeronautico Erprobungsstelle Tarnewitz della Luftwaffe sulla costa baltica, poco dopo la resa tedesca nel maggio 1945.

Descrisse la manovrabilità e le prestazioni come "piuttosto superbe", ma l'armamento e le mire erano "sotto la media", la "costruzione in legno avrebbe resistito a poche punizioni in combattimento" e la strumentazione era "spaventosamente basilare".

Il La-7 pose fine alla superiorità nella manovrabilità verticale di cui il Messerschmitt Bf 109 G aveva precedentemente goduto rispetto ad altri caccia sovietici.

- Inoltre, era abbastanza veloce a bassa quota da raggiungere, seppur con qualche difficoltà, i cacciabombardieri Focke-Wulf Fw 190 che attaccavano le unità sovietiche in prima linea e tornavano immediatamente nello spazio aereo controllato dai tedeschi a tutta velocità.

Lo Yakovlev Yak-3 e lo Yakovlev Yak-9 U con il motore Klimov VK-107 non avevano un margine di velocità abbastanza ampio da superare gli incursori tedeschi.

In totale, 115 La-7 furono persi in combattimento aereo, solo la metà del numero di Yak-3.

Secondo i registri VVS, solo tre La-7 furono effettivamente abbattuti in combattimento aereo in tutto il 1944 e solo 10 caddero vittime del fuoco antiaereo con altri 23 per cause non legate al combattimento.

Le perdite in combattimento aereo nel 1945 ammontano a 79 in totale.

Tuttavia, gli aerei scomparsi, o, comunque, non tornati, o persi per usura non sono inclusi, come, ad esempio, 24 La-7 aggiuntivi scomparsi nel 1944.

Tuttavia, il totale delle perdite della VVS potrebbe non fornire un quadro reale delle perdite in combattimento, poiché le perdite in combattimento venivano spesso dichiarate come perdite non in combattimento per nascondere le perdite stesse o per scopi propagandistici.

Versioni

- **La-7**

Versione principale di serie.

- **La-7TK**

Versione sperimentale utilizzata per valutare il turbocompressore TK-3, realizzata nel luglio del 1944 nella speranza di migliorare le prestazioni ad alta quota.
Si distrusse in un volo di prova quando il turbocompressore si disintegrò.

- **La-7R**

Banco di prova per un motore a razzo RD-1KhZ a combustibile liquido montato sulla coda. Il razzo era valutato a 300 kg di spinta e il suo carburante, 90 litri di cherosene e 170 litri acido nitrico, avrebbe dovuto durare tra tre e tre minuti e mezzo.
Mentre il razzo era in funzione, aumentava la velocità del caccia di 80 chilometri orari (50 mph), ma le altre qualità di volo dell'aereo peggiorarono.
Raggiunse i 785 km/h e i 13.000 metri, ma la cellula era in legno e rischiava di corrodersi a causa gli acidi usati dal motore, sistemato in coda.
- Versione realizzata in un solo esemplare.

Furono effettuati quindici voli nel primo trimestre del 1945, sebbene il razzo esplose a terra il 12 maggio: l'aereo fu riparato, ma in seguito ebbe un'esplosione in volo, sebbene il pilota fosse riuscito ad atterrare in sicurezza. Non si conoscono i dettagli di eventuali voli successivi, ma il La-7R fu esposto al Tushino.

- **La-7PVRD**

Banco di prova per due motori ramjet subalari.
Versione sperimentale con il nuovo statoreattore VRD, capace di imprimere una spinta pari a 300 kg, sperimentato con vari tipi di aerei sovietici.
L'aereo avrebbe dovuto raggiungere una velocità di 800 km/h (497 mph) a un'altezza di 6.000 metri (19.685 piedi), ma non avrebbe potuto superare i 670 km/h (416 mph) a causa dell'elevata resistenza aerodinamica dei ramjet.
Comunque, i collaudi vennero terminati nel 1946, quando ormai era una macchina obsoleta a causa della nuova era dei jet.
Versione realizzata in un solo esemplare.

- **La-7/M-71**

Versione sperimentale equipaggiata con un motore Shvetsov M-71, conversione effettuata nel 1944.
Le prove di volo determinarono che il motore non era ancora completamente sviluppato per la produzione in serie e il programma venne cancellato.

- **La-120R**

Ulteriore evoluzione del La-7, con un motore da 1.900 hp e un'ala a flusso laminare, motore RD-1KhZ, riduzione da 296 a 215 litri del carburante a bordo e 100 kg complessivi di aumento di peso complessivo.
Raggiunse gli 805 km/h, contro i 725 km/h con il solo motore a pistoni, ma ci furono un paio di esplosioni a bordo che causarono la fine del programma nel 1944.

- **La-7UTI**

Versione biposto da addestramento.

Armamento ridotto a un singolo cannone da 20 mm e il radiatore dell'olio è stato riposizionato sotto la calotta del motore.

Dotato di bussola radio e telecamera per il cannone.

Notevolmente più pesante del caccia, 3.500 kg (7.716 libbre) , ma ha mantenuto le caratteristiche di volo dell'aereo monoposto.

Ne furono costruiti 584 esemplari, gli ultimi due consegnati nel 1947.

Caratteristiche tecniche

Dimensioni e pesi

- Lunghezza: 8,67 metri
- Apertura alare: 9,80 metri
- Altezza: 2,54 metri
- Superficie alare: 17,59 m^2
- Peso a vuoto: 2.605 Kg
- Peso massimo al decollo: 3.265 Kg

Propulsione

- Motore: un radiale Shvetsov As h-82FN
- Potenza: 1.850 hp (1.361 kW)

Prestazioni

- Velocità massima: 597 km/h a livello del mare - 680 km/h in quota
- Velocità di salita: 18,52 metri al secondo
- Autonomia: 635 km
- Tangenza: 10.750 metri

Armamento

- Cannoni: due ShVAK calibro 20 mm con 200 colpi ciascuno oppure 3 Berezin B-20 calibro 20 mm da 130 colpi ciascuno
- Bombe: 200 kg

Cannoni Berezin B-20

Il Berezin B-20 era un cannone automatico calibro 20 mm utilizzato dagli aerei sovietici durante la seconda guerra mondiale.

Il B-20 fu creato da Mikhail Y. Berezin nel 1944 convertendo la sua mitragliatrice Berezin UB da 12,7 mm per usare i proiettili da 20 mm usati dal cannone ShVAK.

- Non furono apportate altre modifiche all'arma che era caricata pneumaticamente o meccanicamente ed era disponibile sia in versione sincronizzata che non sincronizzata.

Nel 1946 , fu creata una versione a fuoco elettrico per le torrette del bombardiere Tupolev Tu-4 finché non divenne disponibile il cannone Nudelman-Rikhter NR-23.

Il B-20 fu un gradito sostituto dello ShVAK perché era significativamente più leggero, solo 25 kg (55 libbre) rispetto ai 40 kg (80 libbre) dello ShVAK, il tutto senza sacrificare la velocità di fuoco o la velocità iniziale.

- Velocità di fuoco pari a 800 colpi/min, 600 colpi/min per la versione sincronizzata.

Lavochkin La-7R

Banco di prova per un motore a razzo RD-1KhZ a combustibile liquido montato sulla coda. Il razzo era valutato a 300 kg di spinta e il suo carburante, 90 litri di cherosene e 170 litri acido nitrico, avrebbe dovuto durare tra tre e tre minuti e mezzo.
Mentre il razzo era in funzione, aumentava la velocità del caccia di 80 chilometri orari (50 mph), ma le altre qualità di volo dell'aereo peggiorarono.

- Raggiunse i 785 km/h e i 13.000 metri, ma la cellula era in legno e rischiava di corrodersi a causa gli acidi usati dal motore, sistemato in coda.

Entro settembre 1944, la decisione del Comitato di difesa dello Stato avrebbe dovuto costruire e presentare per i test di volo le modifiche dei caccia Yak-9, La-7 e Su-6 2TK-3 con motori a razzo RD-1 aggiuntivi sviluppati da V. P. Glushko nell'ufficio di progettazione dell'NKVD presso lo stabilimento n. 16.

- Durante il funzionamento dei booster sugli aerei Yak-9 e La-7, il tempo di salita a 5.000 metri avrebbe dovuto essere ridotto a tre minuti e la velocità massima di volo orizzontale avrebbe dovuto essere aumentata a 780 km/h in un intervallo di tempo fino a tre minuti.

S.A. Lavochkin affidò l'esecuzione di questo compito alla filiale dell'ufficio di progettazione organizzata nel marzo 1944 a Mosca, che era guidata da S.M. Alekseev.
La filiale si chiamava "Impianto sperimentale n. 81" e si trovava in una parte dell'impianto aeronautico seriale di Mosca n. 381 appositamente assegnatogli, che all'epoca produceva l'aereo La-7.

La modifica del primo La-7 di serie, che ricevette il nuovo nome La-7R-1, fu completata entro il 21 ottobre 1944.

- Su questo aereo, e sul La-7R-2 che lo seguì, la sezione di coda della fusoliera fu finalizzata per ospitare l'RD-1 al suo interno.

Il posto del serbatoio di gas centrale fu preso da una riserva di acido nitrico, mentre un serbatoio di cherosene fu installato nella console dell'ala destra.

La scorta di acido nitrico era di 270 kg, quella del cherosene di 60 kg, mentre la scorta di benzina fu ridotta da 340 a 210 kg.

Questa quantità di carburante era sufficiente per il funzionamento dell'RD-1 per 3,5 - 3,8 minuti.

Per alimentare i componenti del carburante alla camera di combustione RD-1, fu utilizzata una pompa, azionata da un albero speciale collegato per attrito a un cricchetto, sul coperchio posteriore del motore ASh-82FN.

Nei serbatoi di acido nitrico e cherosene, fu fornita una pressione di 40-50 atm con pressione nella camera di combustione del motore fino a 23 atmosfere.

- Il controllo del motore a razzo era completamente automatizzato e si riduceva solo all'uso della maniglia del settore del gas e del rubinetto dell'aria di avviamento.

Per evitare la corrosione, a cui portava anche una piccola quantità di fumi acidi, la struttura dell'aereo era stata accuratamente isolata.

I test di fabbrica del La-7R-1 iniziarono il 27 ottobre 1944.

All'inizio di novembre, furono effettuati due voli per testare il gruppo elica (VMG) senza accendere il motore a razzo.

Durante i successivi test a terra dell'RD-1, si scoprì che la coppia generata dalla trasmissione dall'ASH-82FN all'unità pompa LRE era insufficiente.

Dopo che il difetto fu eliminato, i test di volo continuarono.

Tre voli furono dedicati allo sviluppo di ripetuti lanci del motore a razzo a propellente liquido.

Nel primo di questi, il motore si è guastato completamente, nel secondo, dopo il primo lancio, ha funzionato per 15 secondi e quando è stato ripetuto, si è guastato; nel terzo, in due lanci, l'RD-1 ha funzionato per 15 secondi, ma si è guastato con un altro tentativo di lancio. Non è stato possibile stabilire la causa dei guasti.

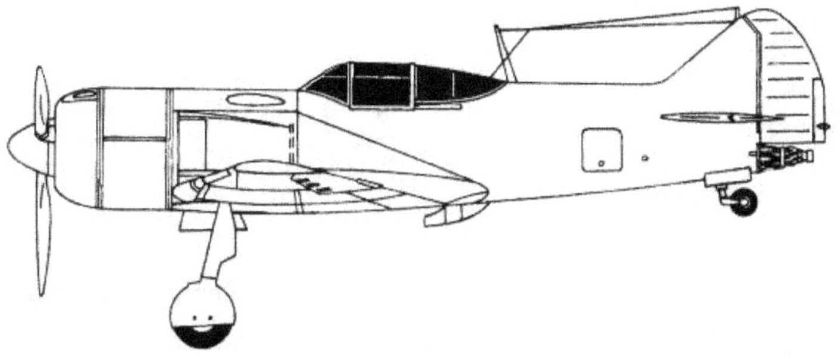

Progetto di un La-7R con montaggio del razzo nella parte posteriore: ottobre 1944.

In altri tre voli, le velocità orizzontali massime sono state determinate a un'altitudine di 3.000 metri nella modalità di funzionamento nominale dell'ASH-82FN con LRE al minimo e in funzione.

- Nel terzo volo di maggior successo, l'aumento di velocità dovuto al funzionamento dell'RD-1 è stato di 85 km/h.

I test di fabbrica del programma sono stati completati il 24 febbraio 1945 e l'aereo è stato messo in riparazione.

In totale, il collaudatore A.V. Davydov ha effettuato 15 voli, di cui cinque con l'inclusione dell'RD-1.

La seconda copia del La-7R-2 fu costruita nell'81° stabilimento, principalmente dalle unità La-7 della 51° serie.

A differenza del La-7R-1, che era solo un laboratorio volante, questo velivolo aveva una migliore aerodinamica.

Nel 1945, il La-7R-2 entrò nei test di volo: dal 26 gennaio al 27 marzo, furono effettuati 19 voli, 45 lanci LRE, di cui sei in aria.

In due lanci dell'RD-1, le piattaforme furono rimosse in volo.

Il 1° marzo, a un'altitudine di 2.700 metri, il motore funzionò per un minuto e mezzo, dopodiché, a causa delle pulsazioni nella camera di combustione, dovette essere spento.

L'aumento di velocità fu di 80 km/h sullo strumento e il 10 marzo, a un'altitudine di 2.600 metri, l'RD-1 aggiunse circa i 95 km/h di aumento.

- In generale il motore ha funzionato male, in 15 partenze su 45 si è guastato, e in 6 casi a causa di un guasto all'accensione.

Il 27 marzo, durante un volo di prova sul La-7 in volo a un'altitudine di 6.000 metri, il motore aggiuntivo non si è acceso, un tentativo di riavvio a un'altitudine di 3.000 metri si è concluso con una forte esplosione nella camera di combustione dell'RD-1.

I timoni sono stati gravemente danneggiati, l'aereo ha perso il controllo e si è ribaltato.

Fino al 14 aprile, l'impennaggio danneggiato e la camera di combustione sono stati sostituiti sul La-7 e sono stati eliminati piccoli difetti apparsi a seguito dell'incidente.

- Sull'aereo è stato installato un motore RD-1, che ha diaframmi speciali, con un foro fino a 20 mm di diametro, per garantire la pressione dall'accensione etere-aria a terra a 0,5 atmosfere.

Tuttavia, i tentativi di lanciarlo ad altitudini comprese tra 5.000 e 6.000 metri si sono conclusi invano. A causa del gran numero di guasti RD-1 associati a problemi di accensione, l'OKB-SD dell'impianto n. 16 sviluppò una versione del motore RD-1X3 con accensione chimica anziché elettrica.

I seguenti componenti del carburante furono utilizzati come componenti del carburante di avviamento: carburante B23-75, una soluzione di gomma sintetica intermedia nella benzina B-70, e un agente ossidante, acido nitrico.

L'installazione dell'RD-1X3 sul La-7 iniziò il 29 aprile, tuttavia, l'RD-1X3 non fu più affidabile del suo predecessore: gli incidenti continuarono.

Il giorno successivo, il 12 maggio, durante i test di fuoco a terra sul La-7, la camera di combustione del motore esplose.

Dei quattro RD-1X3 assemblati e sottoposti a test di volo, tre si schiantarono, mentre il quarto, destinato al Su-6, fu ricevuto solo l'11 maggio e fu montato sull'aereo.

- L'ultimo dei rimanenti RD-1X3 fu inviato all'OKB-16 per la revisione.

Studi di laboratorio hanno dimostrato che le esplosioni sono state causate da shock idraulici nella camera di combustione, che si sono verificati a seguito di un forte aumento della pressione nelle "camicie" della camera di combustione al momento dell'apertura delle valvole del carburante.

Lo shock idraulico ha danneggiato il dispositivo di accensione, si è verificato un accumulo di componenti all'interno della camera, la cui, successiva, accensione ha portato a un'esplosione.

Tre motori RD-1X3 di una nuova modifica per gli aerei Yak-3, La-7 e Su-6 arrivarono già il 14 luglio 1945.

Erano dotati di speciali valvole di avviamento e scarico e gli iniettori di entrambi i componenti del carburante venivano attivati in serie, il che aumentava, significativamente, l'efficienza dell'accensione, che, infatti, fece partire il motore senza problemi.

Il motore è stato installato sul La-7R-2 il 25 luglio.

Su questo aereo nel periodo fino al 16 settembre 1945 sono stati effettuati 14 voli.

Dei 49 avviamenti del motore, 8 sono stati effettuati in aria.

L'RD-1X3 ha fallito 23 volte, ma solo due guasti sono stati causati dalla quota di accensione.

Nonostante tutte le difficoltà, i test sono, comunque, riusciti a essere completati: sul La-7R, è stata ottenuta una velocità di volo massima di 795 km/h a un'altitudine di 6300 metri.

Caratteristiche tecniche

Dimensioni

- Apertura alare: 9,80 metri
- Superficie alare: 17,59 m^2
- Lunghezza: 8,67 metri

Propulsore

- Un motore alternativo «Shvecov» ASh-82 FN + motore booster RD-1X3
- Spinta: 300 kg

Pesi

- Peso a vuoto: 2.703 kg
- Peso a pieno carico: 3.500 kg

Prestazioni

- Velocità massima:795 km/h a 6.300 metri
- Tangenza: 13.000 metri
- Rate massimo di salita:1.340 m/min

Armamento

- 2 cannoni ShVAK da 20 mm

Lavochkin La-9

Il Lavochkin La-9 era un caccia monomotore ad ala bassa progettato dall'OKB 301 diretto da Semën Alekseevič Lavočkin e sviluppato in Unione Sovietica nella seconda parte degli anni quaranta.

- Derivato dal precedente La-7 non riuscì a essere sviluppato in tempo per essere impiegato durante la seconda guerra mondiale.

Successivamente dal La-9 venne sviluppato una nuova variante, il La-11, destinato alla scorta a lungo raggio.

Il La-9 era la versione metallica del precedente Lavochkin La-7: in realtà venne totalmente riprogettato, con moltissime innovazioni, tanto che alla fine somigliava al suo contemporaneo tedesco Fw 190D.

La struttura era ora metallica, fatta eccezione per il rivestimeno in tela degli alettoni, e un'ala bilongherone a flusso laminare

La parte posteriore della fusoliera era raccordata con il tettuccio del posto di pilotaggio e non abbassata dietro di essa come sul La-7, per cui non consentiva una visuale posteriore completa.

- Il risparmio di peso, dovuto alla costruzione metallica, consentì una maggiore capacità di carburante e un armamento di quattro cannoni NS-23 da 23 mm.

Il nuovo caccia entrò in produzione nell'agosto 1946 e alla fine della produzione, nel 1948, erano stati costruiti 1.559 velivoli.

Anche con la riduzione complessiva delle dimensioni, specie della superficie della fusoliera, il La-9 risultò più pesante del predecessore.

Adottava, infatti, una struttura finalmente metallica, che impose un certo aumento della massa complessiva, pur dando ovvi vantaggi alla durata e vulnerabilità del velivolo.

La macchina era molto potenziata anche nell'armamento, costituito da 4 cannoni calibro 23 mm, come sempre raggruppati nel muso per dare un volume di fuoco molto concentrato, anche perché, d'altro canto, non esistevano spazi per le armi nell'ala.

Lavochkin La-9 all'airshow Warbirds Over Wanaka, Wanaka, Nuova Zelanda, 2006.

Il motore era un AshV-82FN, migliorato rispetto a quello dei predecessori che avevano il precedente M-82.

Rimase a lungo in linea, rivelandosi un ottimo caccia da bassa e media quota, soprannominato dagli alleati "Fritz".

Prestò servizio in vari paesi, come in Corea e Cina, dove venne impiegato anche in combattimento.

Sulla parete posteriore dell'ala erano montati alettoni tipo Fries con rivestimento in tela e trimmers non controllati, nonché flap di atterraggio con un angolo di deflessione fino a 60°, posizionati tra la fusoliera e gli alettoni.

- La parte anteriore, con una cabina più spaziosa rispetto al La-7, e le parti posteriori della fusoliera erano unite tra loro da quattro giunti imbullonati.

Il tettuccio del pilota era costituito da un vetro blindato anteriore, una parte centrale mobile e una parte posteriore: la sezione centrale veniva aperta e chiusa tramite un meccanismo montato sul lato di dritta ed era dotata di un dispositivo di sgancio di emergenza durante il volo.

La coda era composta da uno stabilizzatore verticale, realizzato in un unico pezzo con la fusoliera, e da un timone, mentre la coda orizzontale libera di supporto, dal profilo simmetrico, era composta da due console stabilizzatrici con elevatori.

Angolo di installazione della coda orizzontale: + 1°: sui veicoli di produzione, questo angolo è stato aumentato a +1,5°.

L'elevatore e il timone, con telaio metallico e rivestimento in tessuto, avevano compensazione aerodinamica e bilanciamento del peso.

- Per ridurre lo sforzo necessario per azionare gli elementi di controllo, questi erano dotati di trim.

Il propulsore era un motore radiale di 14 cilindri a doppia stella raffreddato ad aria ASH-82FN con un compressore a due velocità e un'elica a tre pale VISH-105V-4 con un diametro di 3,1 metri.

Le prese d'aria di raffreddamento del motore si trovavavano nell'anello anteriore del motore, mentre due alette laterali si trovano sui lati del cofano dietro il motore.

- Il radiatore dell'olio era sistemato sotto la fusoliera, in un tunnel, all'uscita del quale si trovava una valvola regolabile.

Il collettore di aspirazione era posizionato sopra il motore, tra le canne dei cannoni, e non si estendeva oltre i contorni del cofano: i collettori di aspirazione erano posizionati nell'anello anteriore del cofano motore, mentre nel tubo di aspirazione era stato installato un filtro antipolvere.

La costruzione interamente metallica della cellula rese possibile aumentare il numero dei serbatoi di carburante a cinque, per una capacità totale di 850 litri: i serbatoi erano posizionati nella sezione centrale e nelle ali.

- Il serbatoio dell'olio da 63 litri veniva riempito solo per 50 litri.

L'aereo era equipaggiato con quattro cannoni NS-23 sincronizzati con 300 colpi di munizioni.

Va notato che il La-9, dotato di uno dei migliori cannoni, era giustamente considerato il caccia a pistoni più pesantemente armato.

- Il controllo del fuoco era pneumatico-elettrico. che consentiva sia il fuoco separato dei due cannoni superiori o dei due cannoni inferiori, sia il tiro di una salva da tutti e quattro.

Sui veicoli di produzione, il mirino di tipo PBP(V), installato sotto la calotta, fu sostituito con l'ASP-1N, creato dall'OKB-16, che era una copia dell'inglese MK-2D, utilizzato sui caccia forniti all'URSS durante la guerra.

Il controllo dell'aereo era misto: l'elevatore e gli alettoni erano controllati da barre, mentre il timone era controllato da cavi.

Un esempio, denominato La-138, era dotato di due ramjet PVRD-430 da 300 kg di spinta sotto le ali: i test di fabbrica furono eseguiti tra marzo e aprile 1947 e furono registrati aumenti di velocità da 107 a 112 km/h in volo livellato.

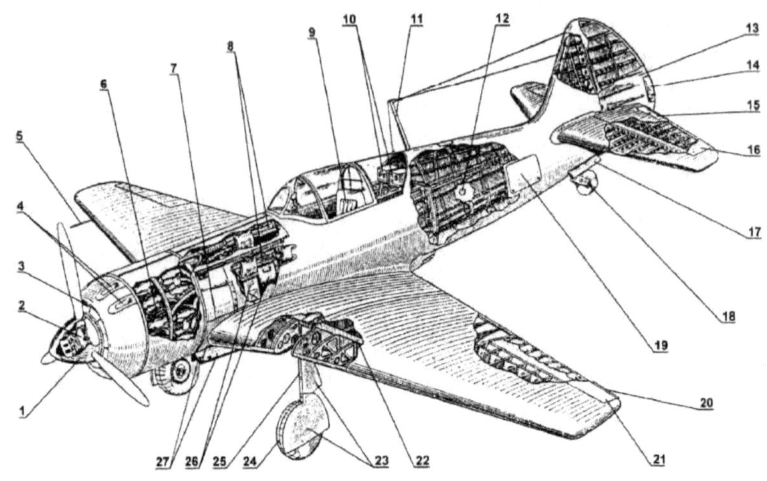

Disposizione La-9:

1. Mozzo dell'elica
2. Elica VISH-105V-4
3. Tubo di aspirazione
4. Feritoie per le armi NS-23Z
5. Ricevitore di pressione dell'aria
6. Motore ASH-V2FN
7. Sportello di raffreddamento del motore
8. Cannone NS-23
9. Sedile del pilota
10. Apparecchiature radio
11. Albero dell'antenna
12. Portello dell'impianto pneumatico
13. Timone
14. Trimmer del timone
15. Trimmer elevatore
16. Piani di coda
17. Alette della cavità per la pulizia del supporto della punta
18. Ruotino di coda

114

19. Fusoliera
20. Trimmer degli alettoni
21. Alettoni
22. Longherone
23. Scudi del carrello di atterraggio principale
24. Ruota
25. Gamba del carrello
26. Scatole di cartucce
27. Protezioni che coprono le cupole delle ruote del carrello di atterraggio principale

Caratteristiche tecniche

Dimensioni e pesi

Lunghezza: 8,62 metri
Apertura alare: 9,80 metri
Altezza: 2,69 metri
Superficie alare: 17,60 m^2
Carico alare: 195 km/m^2

Propulsione

Motore: un radiale Shvetsov Ash-82FN
Potenza: 1.850 hp (1.361 kW)

Prestazioni

Velocità massima: 690 km/h
Velocità di salita: 17,70 metri al secondo
Autonomia: 1.735 km
Tangenza: 10.800 metri

Armamento

Cannoni: quattro Nudelman-Suranov NS-23 calibro 23 mm

Cannone Nudelman-Suranov NS-23

Il Nudelman-Suranov NS-23 era un cannone automatico aeronautico calibro 23 mm, progettato in Unione Sovietica come sostituto del Volkov-Yartsev VYa-23.

 Il cannone entrò in servizio nel 1943, adottando il proiettile anticarro 14,5 × 114 mm rincamerandolo nel 23 mm.

Nel 1943 l'OKB-16 aveva sviluppato un nuovo proiettile da 23 mm, pesante la metà di quello del cannone VYa, per il quale fu progettata un'arma adatta: i test a terra si conclusero nel maggio 1944 e il mese dopo anche le prove sul La-7.

- Il cannone NS-23 era lungo 2 metri, con una canna di 1,45 metri e pesava 37 kg, contro i 68 kg del cannone VYa.

Era azionato da un breve rinculo, con contro-rinculo tramite molla elicoidale e cilindro idropneumatico.

Era prodotto nelle varianti NS-23KM per leali e il motore e NS-23S con meccanismo sincronizzato.

Sparava proiettili 23x115 mm del peso di 175-200 grammi, con una cadenza di tiro di 550 colpi al minuto, nonché una velocità iniziale pari a 690 m/s.

- La canna aveva una vita utile di 4.000 colpi.

E' stato prodotto dal 1944 al 1953 in 58.479 esemplari, di cui 908 tra 1944 e il 1945.

Il proiettile era costituito da un corpo in acciaio con una fascia di guida in rame, o ferro, sinterizzato e una cavità tracciante nella parte posteriore.

Era riempito con HE e chiuso in alto con un finto tappo di spoletta in acciaio.

Un meccanismo di autodistruzione (SD) del tracciante faceva esplodere il proiettile quando il tracciante si esauriva.

Il proiettile era di colore nero e presentava delle marcature bianche stampate.

La spina della spoletta fittizia aveva una punta di colore azzurro.

3 cannoni NS-23 nel muso del Lavochkin La-9.

L'NR-23 era, fondamentalmente, una variante modificata dell'NS-23, con l'obiettivo di aumentare la cadenza di tiro.

L'ingegnere Richter era il responsabile dell'"acceleratore" meccanico introdotto in questo cannone.

- L'acceleratore è un pezzo utilizzato nell'armamento automatico che aumenta la velocità di movimento dell'otturatore.

Ovviamente, ciò aumenta la velocità di fuoco che è di circa 750-800 colpi al minuto.

L'NR 23 sparava la stessa cartuccia dell'NS 23 ed era l'armamento utilizzato nel MiG-15, MiG 17, nei primi MiG-19 e anche come cannone difensivo dell'IL-28 e dell'Antonov An-10.

Nella postazione dei bombardieri ha un rinforzo in acciaio per ridurre il flutter aerodinamico.
La sua canna è leggermente più lunga dell'NS 23 e la molla di contro-rinculo è coperta da una lamiera cilindrica.